Вместе
Рабочая тетрадь

Содержание

1. История – основа для понимания настоящего	3
2. Социалистический эксперимент	8
3. В мире русской культуры	13
4. Просторы России	21
5. Загадки русской души	27
6. Россия и Германия в европейском контексте	34
7. Молодёжь и общество	39
8. Россия в начале XXI века	48
Категория вида	56
Управление глаголов	58
Императив	61
Конъюнктив	63
Глаголы движения	64
Причастия	68
Деепричастия	72
Модальные значения	75
Местоимения	78

Volk und Wissen Verlag

Вместе – Miteinander
Arbeitsheft

Autoren: Ulf Borgwardt (Leitung), Rima Breitsprecher, Harry Walter

Redaktion: Regina Riemann, Gabriella Wenzel

Zum Lehrwerk Вместе für die Sekundarstufe II gehören außerdem:
Lehrbuch ISBN 3-06-501108-5
Kassette ISBN 3-06-505526-0
Lehrerband ISBN 3-06-502172-2

Dieses Werk ist in allen seinen Teilen urheberrechtlich geschützt. Jegliche Verwendung außerhalb der engen Grenzen des Urheberrechts bedarf der schriftlichen Zustimmung des Verlages. Dies gilt insbesondere für Vervielfältigungen, Mikroverfilmungen, Einspeicherung und Verarbeitung in elektronischen Medien sowie für Übersetzungen.

Das Werk folgt der reformierten Rechtschreibung und Zeichensetzung.

Bildnachweis:
Bundesarchiv, Koblenz: S. 3
Herrmann, U., Moskau: S. 18, 22 (2), 33, 36 (2), 42
Jürgens Ost und Europa-Photo, Berlin: S. 23
RIA NOWOSTI, Berlin-Moskau: S. 3, 4, 9, 20 (2), 43
Riemann, R., Berlin: S. 14 (3), 15 (3), 39 (2), 40 (6), 41, 46 (5), 47
Syssojew, W., Berlin: S. 55
Volk und Wissen Verlag, Bildarchiv, Berlin: S. 3, 7, 9, 11, 20 (4)
Wächter-Springer, L., Potsdam: S. 22
Walter, H., Greifswald: S. 15, 16, 18 (2), 42 (4), 49, 54

ISBN 3-06-501109-3

1. Auflage
5 4 3 2 1 / 02 01 00 99 98
Alle Drucke dieser Auflage sind unverändert
und im Unterricht parallel nutzbar.
Die letzte Zahl bedeutet das Jahr dieses Druckes.
© Volk und Wissen Verlag GmbH & Co., Berlin 1998
Printed in Germany
Einband: Peter Fischer Sternaux
Layout: Birgit Riemelt
Illustrationen: Uta Bettzieche
Reproduktion: deutsch-türkischer fotosatz, Berlin
Druck und Binden: DBC GmbH & Co. Medien KG, Berlin

История – основа для понимания настоящего

1 Переведите. Обратите внимание на многозначность слов.

Великая Отечественная война, отечественные войска; готовить восстание, подготовить войска; взять город, взять слово; проводить реформы, проводить гостей на вокзал, хорошо проводить время

2 Объясните значение слов по образцу. Какое объяснение даётся в толковом словаре русского языка?

Образец: Строитель – тот, кто работает на строительстве.

крестьянин, композитор, писатель, художник, учёный, иностранец

3 Выпишите как можно больше имён исторических личностей и скажите, с какими событиями они связаны.

А	И	В	А	Н	Г	А	Л	Ы
Л	Е	Л	У	С	О	Т	Е	Н
Е	К	А	Т	Е	Р	И	Н	А
К	И	Д	У	Ч	Б	А	И	П
С	Р	И	С	К	А	К	Н	О
А	И	М	Т	О	Ч	У	Х	Л
Н	Л	И	А	П	Ё	Т	Р	Е
Д	Л	Р	Л	А	В	У	У	О
Р	А	З	И	Н	А	З	Щ	Н
О	Ч	С	Н	Г	В	О	Ё	Л
П	У	Г	А	Ч	Ё	В	В	О

Кто это? _____

4 Пишите о себе. Включите факты, которые сыграли роль в вашей жизни, в жизни страны, мира.

1 Найдите спрятанные в загадке слова и переведите их.

1 – 2 – 3 – 4 – 5 – 1 – 6 – 7   8 – 9 – 5 – 10   *Киевская Русь*

1 – 8 – 3 – 5 – 11 – 2 – 11 – 10 – 21   _____

12 – 8 – 6 – 4 – 13 – 5 – 14 – 6 – 4 – 2 – 3   _____

8 – 3 – 14 – 2 – 15 – 2 – 7   _____

16 – 13 – 15   _____

5 – 4 – 7 – 17 – 3 – 18 – 18 – 2 – 1 – 2   _____

19 – 13 – 18 – 6 – 5 – 11 – 20 – 8 – 10   _____

2 Составьте как можно больше словосочетаний (минимум 3) с помощью словаря и используйте их в вопросах к своим одноклассникам.

Образец: крестить: ~ детей; ~ народ; ~ население
Кого крестили священники?

1. объединиться: _____
_____

2. основать: _____
_____

3. управлять: _____
_____

4. принять: _____
_____

5. распространиться: _____
_____

3 Найдите материал и подготовьте короткое сообщение об истории и значении одного из городов Киевской Руси.

Ярослав Мудрый.
Что вы знаете о нём?

1 Напишите слова одного корня. Подчеркните суффиксы.

верный, жестокий, строгий, недоверчивый, противоречивый; расширять, казнить, убить, отражаться; недоверие, верность, казнь, жестокость, отражение, строгость, противоречие, убийца, расширение, убийство

2 Составьте как можно больше прилагательных, употребляемых для описания характера человека. Напишите их.

пый	гор	ре	куль	_____ _____
ум	вый	вер	ти	**ный** _____ _____
страст	тур	стро	скуч	_____ _____
про	сто	до	**силь**	_____ _____
гроз	кий	гий	глу	_____ _____
чи	же	во		_____ _____
дый	роб	брый		_____ _____

3 Соедините подходящие друг к другу части предложения.

1. Иван IV был умным правителем,
2. При русском царе Иване IV была создана постоянная армия,
3. Войска Ивана IV победили сибирских татар,
4. После смерти своей первой жены Иван стал жестоким тираном,
5. В русской истории нет другого царя,

– в которую входили «стрельцы».
– который своими реформами много сделал для формирования центральной власти.
– которого народ боялся и назвал «Грозным».
– которого бы оценивали так противоречиво.
– которые часто нападали на русские земли.

4 *Которого, которой* или *которых*?

1. России, развитие _____ отставало от стран Западной Европы, нужны были сильная центральная власть и реформы. 2. Бояре, интересы _____ состояли в том, чтобы сохрани́ть[1] собственную власть, выступили против укрепле́ния[2] российского государства и реформ. 3. Иван IV, де́ятельность[3] _____ была напра́влена[4] на укрепление центральной власти, расширил органы центрального управления России и создал постоянную армию. 4. Реформы и победа Ивана IV, в результате _____ Россия стала развиваться успешно, внесли важный вклад в укрепление государства.

[1] erhalten
[2] Festigung
[3] Wirken
[4] gerichtet war

1 Запишите производные слова в таблицу.

суффикс(ы)	префикс(ы)	префикс + суффикс(ы)

страна – иностранец, вид – видеть, строить – строитель – перестройка, дать – передать, вера – уверенность – доверить, решить – разрешить, вести – повести – поведение, двор – дворец, сила – сильный

2 Как звали царя Петра Великого, когда он инкогнито путешествовал по странам Западной Европы?

1. достопримечательность Санкт-Петербурга: Петропавловская …; 2. дворянин, у которого есть земля; 3. тот, кто управляет государством; 4. член группы людей в дореволюционной России, у которых были привилегии; 5. конец жизни; 6. религия; 7. популярный вид спорта в России; 8. такой, который относится к главной религии в России; 9. часть армии; 10. административный орган государства; 11. тот, кто руководит войсками; 12. тот, кто работает в государственных органах.

3 Переведите.

Работая на верфи в Голландии, Пётр I знакомился с мануфактурами. Изучая военно-морское дело в Англии, Пётр занимался законодательством. Возвратившись в Россию, Пётр I начал проводить реформы. Окончив войну с Турцией, он начал войну со Швецией.

¹ Flugblatt

Что изображено на этой листо́вке¹?

4 Переведите заголовки из газеты.

Договор подписан

Приняты новые законы

Найдены неизвестные документы Петра I

Запланированные правительством реформы

5 Что было при Петре I?

Образец: основать Петербург
Петербург (был) основан Петром Первым в 1703 году.

1. принять меры по европеизации общественной жизни

_____

2. развить промышленность

_____

3. построить металлургические заводы

_____

4. организовать светские школы

_____

5. ввести более простой гражданский шрифт

_____

6. издать первую печатную газету

_____

6 Опишите историческую личность России X–XIX веков. Что вам известно о ней (внешность, характер, способности и роль)?

Социалистический эксперимент

1 *Больше, меньше* или *лучше*?

1. В начале этого века люди работали _____ чем 10 часов.
2. Люди думали, что жизнь без царя будет _____. 3. Во время Гражданской войны умерло _____ чем 8 миллионов человек.
4. При Сталине стали производить _____ продукции. 5. У людей было _____ свободы при Сталине.

2 Вставьте подходящий префикс.

Пешком в музей истории
Я ____шел из дому в 10 часов, ____шёл через мост, ____шёл через парк, ____шёл в кафе, ____шёл до музея за сорок минут, ____шёл в музей, осмотрел выставку, ____шел из музея через два часа и ____шёл домой в два часа.

3 Какое понятие не входит в ряд?

Кровавое воскресенье: увольнение, забастовка, война, 9 ноября
Дума: парламент, Государственный совет, царь, партии
Совет: палата Думы, орган власти, народные депутаты
Большевики: партия Ленина, коммунисты, социалисты

4 Какие слова ассоциируются у вас с событиями 1905 и 1917 годов?

\ /   \ /
 1905 г.   1917 г.
/ \   / \

5 С помощью толкового словаря объясните понятия.

увольнение, Дума, палата, государство, Временное правительство, Совет рабочих и крестьян

6 Викторина об исторических событиях XX века

1. В каком городе произошла первая российская революция XX века?

   ☐ в Петербурге   ☐ в Москве   ☐ в Екатеринбурге

2. Какой вопрос был решён Временным правительством?

   ☐ войны   ☐ права крестьян   ☐ демократических свобод

3. Где в России большевики захватили власть в октябре 1917 года?

   ☐ в Казани   ☐ в Москве   ☐ в Петрограде

4. Когда в России сформировалась однопартийная система?

   ☐ после захвата власти большевиками в октябре 1917 г.

   ☐ после ликвидации Учредительного[1] собрания в 1918 г.

   ☐ после заключения мира с Германией в марте 1918 г.

5. В каком году был образован СССР?

   ☐ в 1917 г.   ☐ в 1922 г.   ☐ в 1924 г.

[1] Konstituierende

7 Как вы понимаете эти плакаты?

очищать säubern

нечисть *hier:* Böses

пьянство *hier:* Sauferei

молот Hammer

8 Напишите вопросы о событиях 1905 и 1917 годов, которые вы бы задали историку.

1 Найдите однокоренные слова с помощью словаря. Подчеркните общий корень и переведите слова.

гордость, недоверие, перестройка, участник, чистый, насильственный, симпатичный, политический

2 Составьте словосочетания и придумайте предложения.

симпатизировать (кому?)   жертвой
отказаться   культурой
лишить   от близкого человека
жертвовать   большевикам
стать   жизни

3 Дополните.

бояться … (вождь, война, враг, трудности, …)
_____

верить в … (мифы, иллюзии, идеалы, Бог, …)
_____

управлять … (страна, государство, хозяйство, кадры, …)
_____

4 Вставьте нужные предлоги и окончания.

1. Однопартийная система была сформирована Ленин____.
2. Люди верили ____ социализм.
3. Всё находилось _____ контрол____ государства.
4. _____ втор____ миров____ войн____ во многих российских городах появились антисталинские группы.
5. Сталин боролся _____ инакомыслящ____.

5 Сформулируйте вопросы к подчёркнутым словам.

1. Дедушка часто вспоминает о жизни при Сталине.
2. Люди боялись Сталина.
3. Сталин лишил людей свободы слова.
4. Некоторые люди и сегодня симпатизируют Сталину.

6 Преобразуйте предложения, используя пассивные конструкции. Обратите внимание на вид глагола.

1. Сталин создал культ Ленина.
2. Массовые репрессии создавали атмосферу недоверия.
3. Детей воспитывали в духе коллективизма и уважения к авторитетам – партии и государству.
4. Замечательные поэты и писатели критиковали Сталина и его систему.

7 Как вы понимаете этот плакат, который был создан в 1920 году? Чтобы понять текст, вы можете воспользоваться словарём.

8 Переведите предложения с деепричастиями, а потом передайте содержание сказки.

Царь Давид хотел, чтобы его знали и в будущем. <u>Пригласив</u> к себе художников, он попросил написать свой портрет. Художника, который нарисует лучший портрет, ждал дорогой подарок. <u>Будучи</u> строгим, царь объявил, что если картина ему не понравится, то художника лишат жизни.
<u>Рисуя</u> портрет царя, художникам было трудно изобразить его, потому что у Давида правая нога была короче левой, а один глаз – больной. Первый художник изобразил царя таким, каким он был. <u>Посмотрев</u> на его работу, царь очень рассердился¹, и художника лишили жизни. Второй нарисовал Давида красивым. <u>Оценив</u> картину, царь сказал: «Ты нарисовал меня таким, <u>считая</u> меня глупым. Все знают, что я не такой». И этого художника лишили жизни.
Третий изобразил царя, который сидел на коне² и стрелял из лука³. Правая нога не была видна. Больной глаз был закрыт, а здоровый глаз художник нарисовал точно, не <u>рискуя</u> ничем. <u>Будучи</u> очень довольным своим портретом, царь передал художнику подарок…

¹ wurde wütend
² Pferd
³ mit dem Bogen schießen

1 Напишите слова с этим же корнем и переведите их.

влиять, ликвидация, окончить, остановиться, отказ, оценить, расти

2 Заполните таблицу.

воспитывать – воспитатель – воспитательный – воспитание; выборы – избирать – избиратель – избирательный; контроль – контрольный – контролировать – контролёр; любить – любимый – любитель – любовь; реформа – реформатор – реформаторский – реформировать; руководитель – руководство – руководить – руководящий

Кто?	Что?

Что делать?	Какой?

3 Напишите соответствующее существительное или прилагательное. Вы можете воспользоваться словарём.

политический	–	политика
_____	–	государство
_____	–	история
независимый	–	_____
популярный	–	_____
_____	–	сила
_____	–	экономика
перестроечный	–	_____

В мире русской культуры

1 От каких слов образованы эти слова?

книжка		песенка	
домик		речка	
столик		рыбка	
ножик		собачка	
зубик		окошко	
носик		минутка	

2 Какие понятия не входят в тематический ряд?

Театр: опера, оперетта, мюзикл, концерт, спектакль, фильм
Лирика: стихи, авторская песня, басня, роман, гимн, баллада
Эпика: роман, стихи, рассказ, повесть, сказка, биография
Драматургия: трагедия, комедия, телеспектакль, репортаж

3 Найдите и выпишите как можно больше имён поэтов и писателей и скажите, что вы знаете о них.

П	У	Ш	К	И	Н	К	И	Ш	М
А	Т	О	Л	С	Т	О	Й	Б	А
С	О	Л	Ж	Е	Н	И	Ц	Ы	Н
Т	Г	О	Г	О	Л	Ь	Е	К	Н
Е	А	Х	М	А	Т	О	В	А	О
Р	Г	О	Р	Ь	К	И	Й	Ф	Д
Н	Е	В	Т	У	Ш	Е	Н	К	О
А	Й	Т	М	А	Т	О	В	А	С
К	Н	У	З	Е	Б	У	Ф	Е	Т
Г	Е	Р	Д	Е	Р	Е	Н	Н	О
Ё	С	Г	Т	Щ	Е	Н	К	О	Е
Т	Е	Е	Ч	Е	Х	О	В	Е	В
Е	Н	Н	К	А	Т	А	Е	В	С
М	И	Е	Ш	И	Л	Л	Е	Р	К
Р	Н	В	Е	Й	Н	Е	Р	Т	И
О	С	Т	Р	О	В	С	К	И	Й

4 Викторина о русской литературе

1. Кто написал комедию «Ревизор»?

☐ а) Н. В. Гоголь ☐ б) М. Ю. Лермонтов ☐ в) А. П. Чехов

2. Кем был Антон Павлович Чехов по профессии?

☐ а) учителем ☐ б) врачом ☐ в) физиком

3. Кто создал сюжеты известных опер П. И. Чайковского «Евгений Онегин» и «Пиковая дама»?

☐ а) А. С. Пушкин ☐ б) А. П. Чехов ☐ в) И. С. Тургенев

4. Какой из этих русских писателей первым получил Нобелевскую премию?

☐ а) М. А. Шолохов ☐ б) А. И. Солженицын ☐ в) Б. Л. Пастернак

5 Какая пословица подходит к содержанию рассказа «Размазня»? Почему вы так считаете?

Учиться никогда не поздно.
Где есть воля, там есть и путь.

Молчание – знак согласия.
Доверяй, но проверяй.

6 Придумайте короткий рассказ о том, как однажды
– слабый оказался сильным или
– сильный оказался слабым.

7 Какие произведения А. С. Пушкина вы знаете? Попробуйте сказать, как они называются по-русски. Подготовьте доклад о жизни и творчестве Пушкина.

1 Напишите как можно больше слов, которые ассоциируются у вас со словом «музыка». Употребите их, рассказывая о музыке, которую вы (не) любите.

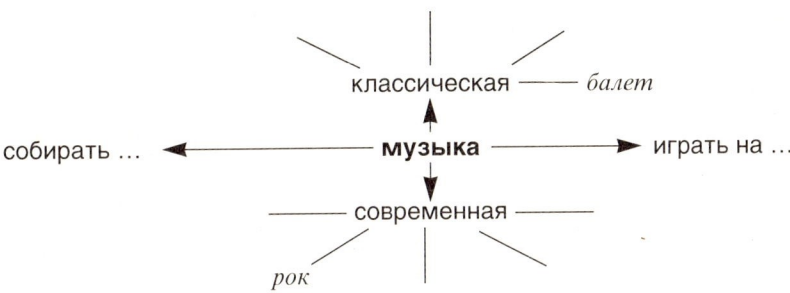

2 Совершенный или несовершенный вид?

1. Недавно мы ходили на концерт классической музыки. Билеты мы _____ (купить/покупать) в театральной кассе.

2. Представления обычно _____ (начаться/начинаться) в 19 часов вечера. 3. Но в этот раз концерт _____ (начаться/начинаться) в 19.30 часов. 4. Концерт нам очень _____ (по/нравиться).

3 Посмотрите на афиши и скажите, какие концерты, оперы и т. д. состоятся в Москве. Пригласите русских друзей в театр. Напишите им, куда, на что и когда вы их приглашаете.

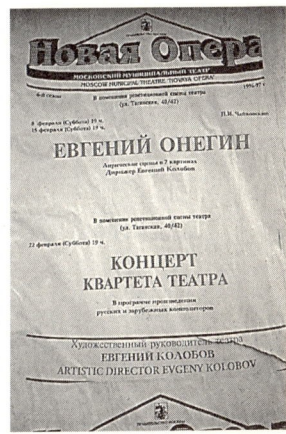

4 Викторина о русской классической музыке

Что вы о нём знаете?

1. Кто считается «отцом» русской классической музыки?
   - ☐ а) М. И. Глинка
   - ☐ б) П. И. Чайковский
   - ☐ в) А. П. Бородин

2. К какому музыкальному жанру относится произведение Чайковского «Евгений Онегин»?
   - ☐ а) к балету
   - ☐ б) к опере
   - ☐ в) к симфонии

3. Кто поддерживал творчество Чайковского деньгами и советами?
   - ☐ а) родители художника
   - ☐ б) Надежда фон Мекк
   - ☐ в) царь

4. Кто сочинил известную 7-ю Ленинградскую симфонию?
   - ☐ а) Д. Д. Шостакович
   - ☐ б) П. И. Чайковский
   - ☐ в) С. Т. Рихтер

5. Кто из русских композиторов был и учёным-химиком?
   - ☐ а) М. П. Му́соргский
   - ☐ б) А. П. Бороди́н
   - ☐ в) Н. А. Ри́мский-Ко́рсаков

5 Прочитайте и скажите, когда и какие музыкальные передачи можно посмотреть? Какую передачу вы хотели бы посмотреть и почему?

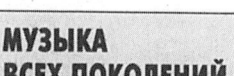

МУЗЫКА ВСЕХ ПОКОЛЕНИЙ

Уитни Хьюстон — суперзвезда американской эстрады, обладающая уникальным голосом. После того как вместе с Кевином Костнером сыграла в фильме «Телохранитель», она стала и кинозвездой.

0.35   РТР

ЭЙ, УХНЕМ!

Фольклорный фестиваль. Речь в сегодняшней передаче пойдёт об искусстве лозоплетения. Также в программе прозвучит много народных песен.

15.55   РТР

ЗВЕЗДЫ В КРЕМЛЕ

«Виртуозы Москвы» под руководством В. Спивакова выступили в Кремле с программой старинной классической музыки: Боккерини, Вивальди и других.

23.05   РТР

МУЗЫКА ВСЕХ ПОКОЛЕНИЙ

Известность пришла к Адриано Челентано в 1958 году, когда он победил на первом итальянском фестивале рок-н-ролла. В прессе тогда его окрестили «королём на неделю». И будь певец только лишь имитатором американских кумиров, пророчество, несомненно, сбылось бы. Однако он начал писать свои песни, ставшие хитами.

0.35   РТР

НОЧНОЕ РАНДЕВУ

Музыкальная программа с участием Валерии. Певица расскажет о своей работе и представит на суд зрителей новые песни.

0.45   РТР

1 *Площадь, церковь* или *часть*? Вставьте подходящие по смыслу слова в нужной форме.

— Меня очень интересуют старые _____. Скажите, как дойти до _____ Николая.

— Она находится в старой _____ города, недалеко от _____ Шиллера. Идите до _____, и рядом с ней вы увидите _____ Николая.

2 Объясните русскому туристу с помощью этого рисунка дорогу
• от парка до музея.
• от стадиона до театра.
• от … до …

3 Выпишите как можно больше слов, которые называют достопримечательности русских городов.

П	Ц	А	Р	Ь	К	О	Л	О	К	О	Л	М	Г	У	Л	Т
А	И	П	У	Ш	К	И	Н	У	Б	А	Ш	Н	Я	С	М	Р
К	Р	А	С	Н	А	Я	П	Л	О	Щ	А	Д	Ь	П	А	Е
Т	С	П	С	У	Р	О	Г	А	Л	Е	Р	Е	Я	Е	М	Т
В	П	А	К	Л	Б	М	А	Т	Ь	Р	О	Д	И	Н	А	Ь
Е	А	М	И	И	А	С	П	У	Ш	К	А	В	Т	С	Е	Я
Р	С	Я	Й	Ц	Т	Г	У	М	О	С	Т	О	Е	К	В	К
С	С	Т	М	А	Л	Ы	Й	Т	Й	А	Р	С	Р	И	К	О
К	К	Н	У	Р	У	С	М	Е	Т	Р	О	В	Е	Й	У	В
А	А	И	З	Е	М	Л	К	Р	Е	М	Л	Ь	М	С	Р	С
Я	Я	К	Е	Л	У	Н	А	П	А	Р	К	Г	О	Х	Г	К
Ц	У	М	Й	Г	Э	Р	М	И	Т	А	Ж	Э	К	М	А	А
З	И	М	Н	И	Й	Д	В	О	Р	Е	Ц	С	Т	Х	Н	Я
С	О	Ф	И	Й	С	К	И	Й	С	О	Б	О	Р	А	И	С
А	Д	М	И	Р	А	Л	Т	Е	Й	С	Т	В	О	Т	Р	И

4 Разыграйте диалоги по следующим ситуациям.

- Вы хотите сфотографировать некоторые экспонаты Эрмитажа, но это запрещено. Попросите разрешения.
- Вы посмотрели картины Рубенса и Ван Дейка и теперь объясните продавщице, что вы хотите купить копию именно этих картин.

5 Прочитайте надписи и объясните их.

СУМКИ И ЗОНТЫ НЕОБХОДИМО СДАВАТЬ В ГАРДЕРОБ ВМЕСТЕ С ВЕРХНЕЙ ОДЕЖДОЙ

СТОИМОСТЬ ВХОДНЫХ БИЛЕТОВ:
ДЛЯ ВЗРОСЛЫХ ПОСЕТИТЕЛЕЙ
ДЛЯ СТУДЕНТОВ ВЫСШИХ УЧЕБНЫХ ЗАВЕДЕНИЙ И ДЕТЕЙ ОТ 7 ДО 16 ЛЕТ
ДЛЯ ДЕТЕЙ ДО 7 ЛЕТ ВХОД БЕСПЛАТНЫЙ

ДЛЯ ГРАЖДАН РОССИЙСКОЙ ФЕДЕРАЦИИ И СТРАН СНГ ВВОДЯТСЯ ЛЬГОТНЫЕ ЦЕНЫ НА БИЛЕТЫ: 8
ДЛЯ ВЗРОСЛЫХ ПОСЕТИТЕЛЕЙ
ДЛЯ УЧАЩИХСЯ ВЫСШИХ И СРЕДНИХ УЧЕБНЫХ ЗАВЕДЕНИЙ 4

ДЛЯ ДЕТЕЙ ОТ 7 ДО 16 ЛЕТ 2
ДЛЯ ПЕНСИОНЕРОВ (ПРИ ПРЕДЪЯВЛЕНИИ ПЕНСИОННЫХ УДОСТОВЕРЕНИЙ) 4

6 Напишите письмо в московское бюро путешествий с просьбой предложить вам однодневные автобусные экскурсии по старым русским городам.

7 Разыграйте сценку в российском бюро путешествий. Скажите, куда и когда вам хотелось бы поехать, и что вы хотели бы там посмотреть. Выскажите своё мнение к предложениям.

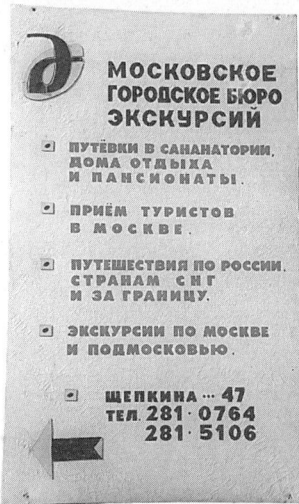

8 Разыграйте сценку.

Вы в Москве. Настя приглашает вас в Большой театр на балет «Лебединое озеро», Олег приглашает вас пойти на футбольный матч, Лена и Саша приглашают вас в Музей древнерусской культуры и искусства, Игорь и Зоя приглашают вас пойти на дискотеку. Проблема в том, что все эти мероприятия будут в один и тот же день. Какое приглашение вы примете и почему?

1 Дополните таблицу.

виды искусства	профессия	произведения
поэзия	*поэт*	*стихотворение*
проза		
театр		
живопись		
музыкальный театр		
скульптура		

2 Замените подчёркнутые слова.

1. У картины «Тройка», выставленной в Третьяковке, часами стоят люди. 2. Сюжет этого небольшого полотна прост. 3. Если всмотреться в лица детей, то можно увидеть, что им очень тяжело. 4. Какой-то прохожий хочет помочь детям, но и ему нелегко. 5. Эта картина создаёт невесёлое настроение.

3 Вставьте подходящие по смыслу слова.

1. _____ – это картина, изображающая природу.

2. _____ – это художник, пишущий портреты.

3. _____ – это художник, рисующий карикатуры.

4. _____ – это специалист по пейзажам.

4 Дополните таблицу.

дети, герой, война, люди, писатель, девочка, мальчик, животное, житель города, улица, дом, природа; мысль, чувство, интерес, эпоха, реальная жизнь народа

	кого?	что?
изображать		
отражать		
выражать		

5 Объясните слова с помощью словаря.

1. живописец, 2. скульптор, 3. архитектор, 4. поэт, 5. композитор, 6. певец, 7. режиссёр, 8. артист.

Вы знаете этих деятелей искусства?

6 Выберите картину и опишите её.

1. Автор картины ... 2. Картина относится к жанру ... 3. Художник назвал её ... 4. Своей картиной он хотел сказать ... 5. Художник изобразил на картине ... 6. Детали картины усиливают ... 7. Картина мне (не) нравится, потому что ...

7 Выскажите своё мнение о данных высказываниях.

– Искусство делает людей лучше.
– Каждая картина великого мастера отражает его время, его взгляды на жизнь, его идеалы, мысли и чувства.
– Каждому человеку природа даёт свои способности. Их надо только уметь найти и развить.

Просторы России

1 Вы знаете эти страны?

страна _____

площадь _____

население _____

столица _____

_____

_____

_____

_____

_____

_____

_____

_____

2 Найдите как можно больше названий российских городов.

У	Ф	А	П	С	К	О	В	О	Р	К	У	Т	А
К	П	Е	Т	Е	Р	Б	У	Р	Г	О	Р	Ё	Л
Р	Е	С	В	Л	А	Д	И	В	О	С	Т	О	К
А	Р	Т	О	М	С	К	О	С	Т	Р	О	М	А
С	М	О	Л	Е	Н	С	К	Я	К	У	Т	С	К
Н	Ь	Н	О	В	О	С	И	Б	И	Р	С	К	О
О	М	А	Г	А	Д	А	Н	М	Т	В	Е	Р	Ь
Я	Т	О	Д	Т	А	М	Б	О	В	Я	Т	К	А
Р	У	С	А	Б	Р	А	Т	С	К	О	Х	А	Т
С	Р	И	Г	К	У	Р	С	К	О	Р	Я	Л	У
К	А	З	А	Н	Ь	А	И	В	Ч	И	Т	А	Л
М	У	Р	М	А	Н	С	К	А	Л	У	Г	А	А

Какую железную магистраль России называют буквы в тёмных клетках? Назовите три самых больших города. Какой город самый западный, северный, восточный и самый южный?

3 К какому городу относятся данные факты?

1. Санкт-Петербург; 2. Петергоф; 3. Москва; 4. Новосибирск; 5. Иркутск; 6. Владивосток

а: столица России, Большой театр, Кремль;
б: Северная Венеция, Белые ночи, Зимний дворец;
в: самый большой город Сибири, станция Транссиба;
г: юго-западнее Байкала, промышленный центр, ГЭС;
д: летняя резиденция русских царей, фонтаны;
е: большой порт на Тихом океане, конечная станция Транссиба.

1	
2	
3	
4	
5	
6	

4 Что вы знаете об этих городах?

5 Сыграйте в игру «город, страна, река, …». Вы можете нарисовать такую таблицу.

[1] Punkte

город	страна	река, озеро	имя	профессия	очки[1]

6 Проверьте правильность фактов из географии России.

1. От западной границы до Тихого океана 8000 км.
2. Когда в Москве ложатся спать, во Владивостоке встают.
3. Граница между Европой и Азией проходит по Волге.
4. Волга – самая длинная река Европы.
5. Самое глубокое озеро Земли – Байкал.
6. Эльбрус – самая высокая гора в России. Его высота 5642 м.

да	нет

4Б

1 Напишите названия городов или их жителей.

город	жители
Калининград	калининградцы
	волгоградцы
Берлин	
Москва	
	петербуржцы
	омичи
Гамбург	

2 От каких глаголов образованы существительные? Употребите их в рассказе о своём городе или о своей земле.

выбор – _____ , реставрация – _____ ,

строительство – _____ , помощь – _____ ,

житель – _____ , основание – _____

3 Дополните предложения. Сформулируйте вопросы о прошлом и настоящем других городов.

1. До 1946 года город назывался _____ .

2. В _____ году Калининград получил статус «свободной экономической зоны».

3. В Калининграде сегодня живёт более _____ .

4. Русские приехали сюда после _____ .

Собор в Калининграде.

5. _____ напоминают о прошлом.

6. Калининград – это типичный _____ .

7. В Калининграде большое внимание уделяют _____ .

4 Какие вопросы вы бы задали студентам российского университета?

5 Уточните факты по образцу. Если возможно, напишите несколько вариантов.

¹ genauer gesagt

Образец: Мы были в городском музее. Точне́е¹, мы были в *одном (двух, некоторых) из городских музеев.*

1. Я встретил(а) русского знакомого. Точнее, я _____
_____

2. Вчера мы с ним осмотрели центральную улицу. Точнее, _____
_____

3. Сегодня он побывал в известном музее. _____
_____

4. Вечером мы ходили в театр. _____
_____

5. Потом мы поужинали в ресторане. _____
_____

6 Подчеркните окончание причастия и слово, к которому причастие относится. Объясните их связь. Потом напишите о фактах своими словами.

Русские туристы в нашей школе
1. Туристы, любящие путешествовать на автобусе, чаще выбирают именно этот вид транспорта. 2. В автобусе туристов, приехавших вчера, было очень уютно. 3. Мы помогли туристам, приехавшим в наш город, занести их вещи в гостиницу. 4. Потом в школе мы приветствовали русских гостей, впервые прибывших в Германию. 5. Мы говорили с русскими школьниками, слушавшими доклад о проблемах в нашей стране. 6. Позже мы часто рассказывали о туристах, приезжавших к нам.

7 Прочитайте вопросы, потом напишите о себе.

У вас есть русские знакомые? Откуда вы получаете информацию о России? Что вас особенно интересует? Что вы хотели бы рассказать русским гостям о себе, о своей школе, о своём городе?

8 Оформите рекламный плакат своего родного города.

1 Подчеркните глаголы, которые не имеют в мужской форме прошедшего времени «-л».

беспокоиться, возрасти, закрыть, исчезнуть, мочь, нести, погибнуть, провести, спасти, умереть

2 Прочитайте стихотворение С. Михалкова. О чём говорится в нём? Как вы бы назвали стихотворение? Выскажите своё мнение по данной проблематике.

Прогулка

Мы приехали на речку
Воскресенье провести,
А свободного местечка
Возле речки не найти!

Тут сидят и там сидят:
Загорают и едят,
Отдыхают, как хотят,
Сотни взрослых и ребят!

Мы по бережку прошли
И поляночку[1] нашли.

Но на солнечной полянке
Тут и там – пустые банки[2]
И, как будто нам назло[3],
Даже битое стекло!

Мы по бережку прошли,
Место новое нашли.

Но и здесь до нас сидели:
Тоже пили, тоже ели,
Жгли костёр[4], бумагу жгли –
Насорили[5] и ушли!

Мы прошли, конечно, мимо …
– Эй, ребята! – крикнул Дима. –
Вот местечко, хоть куда!
Родниковая[6] вода!
Чудный вид![7]
Прекрасный пляж!
Распаковывай багаж!

Мы купались,
Загорали,
Жгли костёр,
В футбол играли –
Веселились, как могли!
Пили квас,
Консервы ели,
Хоровые песни пели …
Отдохнули и ушли!

И остались на поляне
У потухшего[8] костра:
Две разбитых нами склянки[9],
Две размокшие баранки[10] –
Словом, мусора[11] гора!

Мы приехали на речку
Понедельник провести,
Только чистого местечка
Возле речки не найти!

[1] Lichtung
[2] leere Büchsen
[3] zum Ärger
[4] haben ein Lagerfeuer angezündet
[5] haben verschmutzt
[6] Quell-
[7] Eine herrliche Aussicht!
[8] verloschenen
[9] Fläschchen
[10] zwei aufgeweichte Kringel
[11] Müll

3 С какими глаголами сочетаются существительные?

Образец: проблемы – узнавать, обсуждать, решать

жизнь, меры, мнение, монокультура, ошибка, польза, природа

4 *Исчезнуть* или *исчезать*? *Спасти* или *спасать*?

1. Арал начал _____ в середине прошлого века. 2. Вместе с водой стала _____ и рыба. 3. Люди очень поздно поняли, что только они должны _____ Арал. 4. Чтобы _____ Аральское море, жителям Приаралья нужна помощь других стран.

[1] unternehmen 5. Если люди ничего не предпримут[1] против исчезновения моря, то оно может в ближайшем будущем совсем _____. 6. На вопрос, можно ли ещё _____ Арал, ответить трудно.

5 Прочитайте со словарём. Интерпретируйте смысл высказываний.

1. Смерть природы – смерть человека. Природа не храм, а мастерская, и человек в ней работник. (И. С. Тургенев)
2. Природа – вечный образец искусства, а величайший предмет в природе – человек. (В. Г. Белинский)
3. Охранять природу – значит охранять Родину. (М. М. Пришвин)

6 Напишите аргументы для дискуссии о том, чего стоит и что приносит
[1] Schutz защи́та[1] природы.

7 Оформите плакат в защиту окружающей среды.

8 Прокомментируйте карикатуры.

Загадки русской души

1 Дополните.

Полное имя – _____

Уменьш. форма – _____

Уменьш.-ласк. форма – _____

Просторечная форма – _____

Сергей, Серёжка, Серёжа, Серёженька; Леночка, Елена, Лена, Ленка; Ванюша, Ванька, Ваня, Иван; Люся, Людмила, Люда, Людочка, Людка

2 Переведите прилагательные и образуйте от них существительные по образцу.

Образец: справедлив**ый** → справедлив**ость**

активный, глупый, гордый, интеллигентный, откровенный, пассивный, скромный, способный, талантливый, терпеливый, уверенный, эмоциональный

3 Напишите, что названные качества в характере человека стали лучше.

Образец: Раньше ему (ей) не хватало уверенности в себе.
Теперь он(а) увереннее в себе.

старательность, терпение, принципиальность, откровенность, способность, активность, эмоциональность

4 Напишите слова, которые тематически подходят к заголовкам.

[1] Verhalten

поведе́ние[1] человека	взгляды на жизнь	внешность	одежда

5 Как можно назвать людей, которые …

1. ведут себя не пассивно; 2. много знают; 3. не любят быть в центре внимания; 4. не делают домашних заданий; 5. открыто высказывают своё мнение; 6. относятся к другим людям приветливо и готовы помочь; 7. думают только о себе; 8. любят встречать гостей и угощать их.

6 Заполните следующую анкету. Охарактеризуйте себя.

Сильные стороны	
Слабые стороны	
Любимое занятие	
Кумир	
Любимый художник	
Любимый герой	
Любимый цвет	
Любимый цветок	
Девиз	
Что такое счастье?	

7 Прочитайте со словарём.

ПОГОДА И МЫ

 На этой неделе в большинстве регионов России, как уверяют синоптики Гидрометцентра, от погоды особых сюрпризов не будет. И на Дальнем Востоке, и в Сибири, и на Урале всё будет в пределах обычного для этой январской поры: и крепкий мороз, и снега, и метели. Европейский север России — тоже в привычных погодных параметрах. Вот только ветер там на редкость сильный: временами до 25 м/сек.

А в центральных районах европейской части страны, включая Москву и Московскую область, погода на этой неделе с капризным характером. Ожидаются резкие колебания температуры. В столице и Подмосковье, в частности, будут и очень морозные ночи с температурой до —20 и ночи, когда на термометрах будет не ниже —5. Да и в дневные часы мы с вами не раз призадумаемся, что надевать, выходя на улицу: с утра —5, —10, а после полудня — чуть ли не оттепель: —1, +1.

Ну а самым холодным днём этой январской недели считается 20 января 1942 года: —40,1. Самым же тёплым до сих пор остаётся 26 января 1882 года: +5 градусов. И это рекорд не только недели, но и всего января за более чем столетний период метеонаблюдений.

ИЗ НАРОДНОГО КАЛЕНДАРЯ

21 января — Емельян Зимний. «Емельян, накрути буран», «Повстречался в пути с Емельяном — без вина от пурги будешь пьяным» — так говорили о характерной для этого дня погоде. В этот день в европейской части России крестьяне с особым вниманием следили за направлением ветра. Верной приметой считалось, что если ветер в этот день с юга подует, то лето будет с дождями и частыми грозами.

25 января — Татьянин день. «Снег на Татьяну — к дождливому лету», «Солнце выглянет на Татьянин день — птицы раньше срока вернутся».

ПОГОДА И МЫ

Ещё накануне Нового года даже самым доверчивым из телезрителей стало ясно, что в телепередачах снегопады, сугробы и замерзшие окна троллейбусов и настоящей зимой не всегда настоящие. Снег, который кружил в новогодней программе «Старые песни о главном-2», был не более чем бутафорией в мосфильмовском павильоне, о чём «ТВ Парк» и поведал подробно в одной из своих публикаций. Конечно, натурные съёмки куда предпочтительнее. Но и мичуринский лозунг: «Не ждать от природы милостей, а брать их своими руками» — на телевидении тоже весьма актуален. Оно и понятно — не у всякой погоды и зимой допросишься снега.

Между тем, переменчивый нрав погоды на этой неделе — фактор весьма неприятный не только для съёмок, но и для нашего с вами здоровья и самочувствия. Чередование сильных морозов и оттепелей, перепады в атмосферном давлении и порывистый ветер могут плохо сказаться на состоянии даже абсолютно здоровых людей, а тем более — гипотоников и гипертоников. Поэтому лучше заранее посоветоваться с врачами и запастись лекарствами.

Впрочем, кульбиты погоды кое-чем и полезны. Дело в том что парад атмосферных фронтов с Атлантики вперемежку с морозными массами воздуха с Арктики — это именно то, что в значительной мере очистит атмосферу Москвы от токсичных веществ. Так что на этой неделе старайтесь, чтобы сидение (или лежание) у телеэкрана не занимало всё ваше свободное время. Каждый день оставляйте часок-другой для прогулок.

1 Найдите спрятанные в загадке слова и переведите их.

1 – 2 – 3 – 4   5 – 6 – 7 – 1 – 2 – 3 – 8 – 9   день рождения

5 – 6 – 7 – 1 – 2 – 10 – 11 – 12 – 6   _____

11 – 5 – 6 – 8 – 13 – 14   _____

10 – 12 – 14 – 1 – 4 – 15 – 14   _____

3 – 6 – 12 – 16 – 17   18 – 6 – 1   _____

19 – 14 – 10 – 20 – 14   _____

2 Дополните таблицу.

праздник	время, месяц	символ(ы)
		ёлка
	март/апрель	
Международный женский день		
	6, 7, 8 января	

3 Выразите следующие мысли другими словами.

1. Только в 1992 году в России объявили Рождество Христово нерабочим днём. 2. В Сочельник дети ходят по дворам и поют рождественские песни. 3. На Рождество русские обычно делают только небольшие подарки. 4. 7 января православные россияне принимают гостей и ходят в гости сами. 5. Дома организуется богатое угощение для всех гостей.

4 Если хотите, сами приготовьте медóвые пряники.

2 стакана муки   1 стакан мёда   1 яйцо   1 ч. ложка соды   3 ст. ложки масла   1/2 ч. ложки тёртой цедры лимона

Мёд сделать тёплым, всыпать муку и хорошо перемешать. Добавить яйцо, масло, цедру лимона, соду. Хорошо перемешать, раскатать в пласт толщиной 1-2 см, нарезать, положить в смазанные маслом формочки. Выпекать в духовке при 100° С.

1 Обратите внимание на основное значение префикса «раз-» («рас-») и переведите глаголы.

разговаривать, разбить/разбивать, развестись/разводиться, разойтись/расходиться, разделить/разделять

2 Найдите 17 слов, обозначающих родственные отношения.

Т	Д	Я	Д	Я	Д	Я	В	Н	У	К	О	М
Ё	О	Ц	П	Л	Е	М	Я	Н	Н	И	Ц	А
Т	Ч	Б	Р	О	Д	И	Т	Е	Л	И	У	Ж
Я	Ь	Р	В	Н	У	Ч	К	А	С	А	М	Е
Л	Б	А	Б	У	Ш	К	А	Р	Ы	М	У	Н
У	О	Т	Е	Ц	К	У	З	И	Н	А	Ж	А
С	Е	С	Т	Р	А	Ш	Ы	М	А	Т	Ь	Н

3 Впишите следующие слова в таблицу и переведите их.

подруга, жениться, влюблён, жених, дружба, любить, любовь, женат, дружно

корень	действие	лицо	отношения	чувство
друг	подружиться			
люб		любитель		
жен				—

4 Дополните таблицу.

тётя, сын, внучка, брат, бабушка, незамужняя, невеста, муж, вдовец, дядя, папа, дочь, юноша, сестра, отец, мать, жена, дедушка

он	она

5 Напишите подходящие слова-партнёры.

бабушка – _____   тётя – _____

отец – _____   сын – _____

внучка – _____   брат – _____

незамужняя – _____   невеста – _____

6 Раскройте содержание этих любовных записок.

1. Женяятебялюблютыгероймоеймечтыгдеикогдамыувидимсяцелуюна-таша. _____

_____

2. Наташамилаямояпридивпаркнасвиданиеввосемьчасоввечераце-луюженя. _____

_____

7 Вставьте подходящие глаголы в нужной форме.

[1] Heiraten

Мнения о женитьбе[1]

Недавно моя подруга Таня _____. Таня и Борис дружили с 5-ого класса, полюбили друг друга и решили после школы _____. Родители Бориса считают, что сын _____ слишком рано. Мужчина должен _____ лет в 30. По их мнению, молодые люди, которые рано _____, и рано _____. Родители приводят пример из своей жизни. Отец _____ на матери в 36 лет. У него тогда никаких проблем не было. Матери, когда она _____ за отца, было 26 лет. И они живут счастливо.

8 Найдите подходящие немецкие эквиваленты. Придумайте ситуации, в которых можно употребить эти фразеологизмы.

1. Два сапога пара.
2. Жить как кошка с собакой.
3. Любить больше жизни.
4. Жить душа в душу.
5. Первый блин комом.
6. До свадьбы заживёт.
7. Быть на седьмом небе.
8. Без кота мышам масленица.

9 Переведите формуляр этого документа с помощью словаря. Если хотите, заполните его.

СВИДЕТЕЛЬСТВО О ЗАКЛЮЧЕНИИ БРАКА

Гражданин ....
(фамилия)

....
(имя, отчество)

родившийся "........"................................19......... г.

место рождения ....

и гражданка ....
(фамилия)

....
(имя, отчество)

родившаяся "........"................................19......... г.

место рождения ....

заключили брак "........".............................. 19 .... г.
(число, месяц, год)

....
(цифрами и прописью)
....

о чём в книге регистрации актов о заключении брака

19 ..... года .... месяца .... числа произведена запись за № ....

После заключения брака присвоены фамилии:
мужу ....
жене ....

Место регистрации ....
(наименование

....
и местонахождение органа ЗАГСа)

Дата выдачи "........"............................. 19 ..... г.

Заведующий Отделом (Бюро)
актов гражданского состояния

№ ....

5г

1 Переведите.

1. католик, католичка, католическая вера, католицизм
2. протестант(ка), протестантская вера, протестантизм
3. еврей, еврейка, еврейская конфессия, еврейство
4. атеист, атеистка, атеистический, атеизм

2 Найдите спрятанные в загадке слова и переведите их.

1 – 2 – 3 – 4 – 5 – 6 – 7 – 3 – 4 – 8 – 9   *православие*

4 – 9 – 2 – 8 – 10 – 11

8 – 6 – 1 – 5 – 4 – 9 – 12 – 5 – 4 – 3 – 10 – 11

13 – 5 – 7 – 8 – 10 – 11 – 6 – 14

5 – 10 – 2 – 8 – 15 – 3 – 10 – 11

6 – 5 – 16 – 8 – 2 – 3 – 10 – 11 – 6 – 14

3 Дополните.

1. верить в (Бог, жизнь после смерти, человек, будущее, прогноз) _____

2. молиться за (мир, счастье, здоровье, больные, родственники, друзья) _____

Успенский собор в Кремле.

3. исповедовать (религия, православие, протестантизм, католицизм, ислам) _____

4. отрицать (существование Бога, религия, вероучение протестантов) _____

4 Познакомьте русских гостей с одной из церквей, соборов, храмов или монастырей (вашей родины).

Россия и Германия в европейском контексте

1 Переведите и придумайте вопросы с этими сочетаниями. Обратите внимание на разные значения глагола.

отмечать →
- день рождения, Рождество, национальный праздник
- успехи, хорошую работу, трудности задачи
- маршрут на карте, незнакомые слова

2 Найдите не менее трёх однокоренных слов и переведите их. Пользуйтесь толковым словарём.

освободить, единый, править, терпение, руководство, крестьянский

3 Найдите подходящие слова-партнёры.

1. восток и _____ 2. _____ и юг 3. национальный и _____ 4. разный и _____ 5. далеко и _____ 6. с одной стороны и _____

4 Образуйте сочетания.

взволновать	развитию рыночной экономики
объединить	по всей России
подчиниться	всех русских
распространиться	зако́нам¹ страны
способствовать	несколько предприятий в одно

¹ Gesetze

5 Какие словоформы не входят в ряд?

1. южный, единый, опасный, терпимый, открыты
2. большой, герой, молодой, плохой, простой, мой, родной
3. русские, украинские, развитие, политические, терпение
4. интересны, красивы, новы, скучны, страны

6 Полная или краткая форма прилагательных?

¹ einzigartig

1. Каждая национальн_____ культура – уника́ль_____¹. 2. Русск_____ культура богат_____ традициями. 3. С самого начала она многонациональн_____. 4. Сейчас она особенно интересн_____. 5. Вы не согласн_____? 6. Это неправильн_____? 7. Как мы рад_____, что вы так думаете.

1 Переведите и придумайте предложения. Обратите внимание на разные значения глагола.

¹ Entdeckung
² Heldentat
³ Tat
⁴ Gewalt

совершить →
- ↗ путешествие по России, открытие¹, ошибку
- → великое дело, подвиг², честный поступок³
- ↘ преступление против народа, насилие⁴ над кем-нибудь

⁵ Schuld

признать →
- ↗ новое государство, правительство, права других
- → свои ошибки, свою вину⁵, преступление
- ↘ свой поступок неправильным, поездку нужной

2 Найдите эквиваленты к подчёркнутым выражениям.

¹ verteidigen

1. способствовать развитию России, 2. выступать за хорошие отношения с Россией, 3. защищать¹ свою точку зрения, 4. по моему мнению.

3 Найдите в словаре слова с корнями «рус-, росс-, нем-» и «герман-».

4 *Русский* или *российский*? *Немецкий* или *германский*? Если возможны оба варианта, то объясните это.

¹ durchlebt

1. _____ экономика переживает¹ кризис. 2. Мой брат работает в _____ университете. 3. В университете имени Ломоносова учатся _____ студенты. 4. Я люблю _____ язык. 5. Меня интересует _____ культура. 6. Каких великих _____ поэтов вы знаете? 7. Он пишет роман на _____ языке. 8. Студенты-юристы изучают

² Gesetze
_____ законы².

5 *Обе* или *оба*? Напишите слова в правильной форме.

_____ страны, _____ государства, _____ народа, _____ войны, _____ правительства, _____ языка, _____ одноклассника, _____ одноклассницы, _____ немца, _____ культуры, _____ события, между _____ странами, между _____ государствами, под влиянием _____ культур, в результате _____ событий, говорить на _____ языках.

6 Как вы понимаете эти русские пословицы? Какие эквиваленты есть в немецком языке?

– В гостях хорошо, а дома лучше.
– Друзья познаются в беде.
– Не имей сто рублей, а имей сто друзей.

7 Подготовьте материал к хронике на тему «Русские в Германии вчера и сегодня».

8 Выскажите своё мнение о контактах с российскими школьниками. Обоснуйте, почему вы за или против партнёрства.

9 Оформите стенгазету или организуйте маленькую выставку из документов о своей переписке и о своих контактах с друзьями и партнёрами в России.

10 Прочитайте статью с помощью словаря.
Попробуйте больше узнать о Б. Л. Пастернаке.

Пастернак в Берлине

■ 24-25 сентября в немецком представительстве лондонского аукционного дома «Кристи» пройдёт выставка раритетов, связанных с именем Бориса Пастернака. Как известно, поэт был привязан к Германии. Здесь, в Марбурге, где он учился, была открыта первая в мире мемориальная доска в его честь: «Борис Леонидович Пастернак. 1890-1960. Лауреат Нобелевской премии в области литературы (1958). Студент Университета им. Филиппа в Марбурге. 1912 год. Прощай, философия!».

Материалы, которые выставляются на сей раз, – 60 раритетов: стихи, поэмы, автографы, переписка поэта из архива музы Пастернака – Ольги Ивлинской. У аукциона замечательная традиция знакомить общественность, коллекционеров с вещами, которые впоследствии будут предлагаться на торгах.

Дача Бориса Пастернака в Переделкино недалеко от Москвы.

11 Найдите информацию о русских городах-партнёрах и о русских клубах (художниках, выставках) в вашей земле. Расскажите об этом своим одноклассникам.

1 Напишите как можно больше слов, которые сочетаются со словом «работать».

```
   где?              кем?
      \              /
       \            /
        работать
       /            \
      /              \
   как?             над чем?
```

2 Образуйте однокоренные существительные и дополните таблицу.

телефон, школа, писать, журнал, исполнить, художество, пианино, слушать, гимназия, учиться, жить, проводить, ...

строитель	техник	футболист

3 Найдите и напишите к названиям профессий, данным в упр. 2, слова-партнёры женского рода. Используйте словарь.

4 Объясните, чем занимаются люди следующих профессий.

Образец: Учитель – тот, кто учит школьников своей специальности, например, русскому языку или истории.

уборщица – убирать, строитель – строить, писатель – писать, артист – исполнять, гитарист – играть, певец – петь, торговец – покупать и продавать

5 Найдите подходящие слова-партнёры.

1. война и _____ 2. здесь и _____ 3. _____ и будущее

4. русский и _____ 5. россиянин и _____ 6. родной

язык и _____ 7. _____ и пациент

8. дать и _____

6 Соедините отрицательные местоимения с предлогами.

1. никто: у, для, от, к, с, о; 2. ничто: о, с, без; 3. никакое предприятие: на (куда?), на (где?).

7 Прочитайте эти объявления из российской газеты, которая выхо́дит в свет[1] в Германии. Если нужно, пользуйтесь словарём.

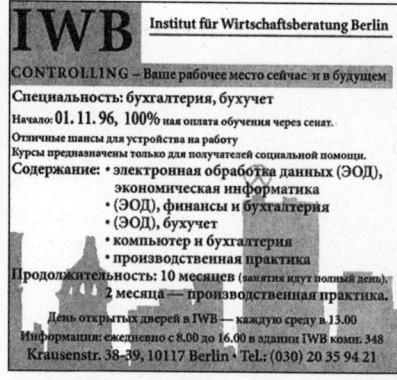

[1] erscheint

Pflegestation ADLENA
ЕСЛИ ВЫ НУЖДАЕТЕСЬ В ПОМОЩИ, ОБРАЩАЙТЕСЬ К НАМ!

НАША СЛУЖБА ОБЕСПЕЧИТ:
* уход за пациентом на дому;
* помощь в быту;
* решение организационных вопросов в официальных учреждениях;
* связь с врачом;
* сопровождение к врачу (при необходимости предоставляется транспорт).

Уход и обслуживание осуществляет квалифицированный медперсонал.
ПАЦИЕНТЫ РАСХОДОВ НЕ НЕСУТ.
Мы работаем 24 часа в сутки в любом районе Берлина и Бранденбурга

Говорим по-русски и по-немецки.

Наш адрес: Uhlandstr. 161, 10719 Berlin
Тел., факс: (030) 886-02-19

IWB — Institut für Wirtschaftsberatung Berlin
CONTROLLING — Ваше рабочее место сейчас и в будущем
Специальность: бухгалтерия, бухучет
Начало: 01.11.96, 100%-ная оплата обучения через сенат.
Отличные шансы для устройства на работу
Курсы предназначены только для получателей социальной помощи.
Содержание: • электронная обработка данных (ЭОД),
экономическая информатика
• (ЭОД), финансы и бухгалтерия
• (ЭОД), бухучет
• компьютер и бухгалтерия
• производственная практика
Продолжительность: 10 месяцев (занятия идут полный день),
2 месяца — производственная практика.
День открытых дверей в IWB — каждую среду в 13.00
Информация: ежедневно с 8.00 до 16.00 в здании IWB комн. 348
Krausenstr. 38-39, 10117 Berlin · Тел.: (030) 20 35 94 21

Мы рады нашей встрече в Берлине!

Дорогие читатели и друзья «Московских новостей»!
Мне доставляет особую радость сердечно пригласить Вас на встречу с Вашей любимой газетой из России.

«Московские новости - live»
это первый устный выпуск «МН» в столице Германии.

В этот день Вашими собеседниками станут:
драматург Александр Гельман, фотохудожник Юрий Рост,
писатель и журналист Александр Кабаков,
драматург и писатель-сатирик Виктор Шендерович,
а также живописец Максим Кантор,
график Вячеслав Сысоев, выставки работ которых
мы вместе осмотрим в Доме науки и культуры
Российской Федерации.

И, конечно же, Вас ждет встреча с теми, кто изо дня в день делает газету «Московские новости» — ее репортерами и редакторами.
Их имена вы встречаете почти в каждом номере газеты: Людмила Телень и Владимир Шевелев, Александр Жилин и Елена Калядина, Александр Мостовщиков и Ольга Мартыненко, Юрий Шпаков.

AUSSIEDLERINTEGRATION e.V.
Berliner Sprachenschule
Kinkelstraße 14-15 13597 Berlin
Открываем новые курсы немецкого языка в Шпандау
3 раза в неделю с 17.00 до 19.30
Продолжительность каждого курса — 2 месяца
Стоимость каждого курса — 234 DM
Занятия проходят в помещениях общеобразовательной школы
Дальнейшая информация с 9.00 до 16.00 по телефону (030) 353 99 000 (можно говорить по-русски)

Сроки обучения:
21.10.96 – 18.12.96
06.01.97 – 05.03.97
02.06.97 – 30.05.97
04.08.97 – 01.10.97
20.10.97 – 17.12.97

BiBC
Ваше будущее — в Ваших руках!
КОМПЬЮТЕРНЫЕ КУРСЫ для начинающих
НА РУССКОМ ЯЗЫКЕ В ЦЕНТРЕ БЕРЛИНА

● программы группы Microsoft: Windows 95, Word и Excel;
● каждому участнику — отдельный компьютер;
● опытные доценты и современная методика обучения;
● всего за 12 вечеров — очевидные практические результаты;
● в итоге занятий выдается сертификат BiBC.

Занятия будут проходить 22.10 – 29.11.96 по вторникам и пятницам с 17.30 до 20.45 в Международном торговом центре (S-Bahn Friedrichstr.).
Взнос — всего 395 DM, для получателей социальной помощи — 284 DM.

Запись на курсы и информация: BiBC Berlin GmbH,
(на русском и немецком языках) Georgenstr. 35, 10117 Berlin
Тел.: (030) 209 62 425

8 Передайте смысл предложений другими словами.

1. Российские немцы жили только мечтой о лучшем будущем. 2. Они имеют рабочее место по своей специальности. 3. Вы другого мнения? 4. Она мать трёх детей. 5. Только своим трудом я достигла цели.

9 Подготовьте вопросы, чтобы взять интервью у российских немцев-переселенцев разного возраста, и обсудите вопросы. Работайте в группах.

10 Напишите вопросы об отношениях русских к российским немцам, которые вы хотели бы задать своим русским друзьям, с которыми вы переписываетесь.

Молодёжь и общество

1 Переведите.

торговать – торговля – торговец – торговка – внешнеторговый
продавать – продажа – продавщица – продажная цена
покупать – покупка – покупатель – покупательная сила
товар – электротовары – товарный знак – товарообмен
оценивать – цена – оценка – ценная посылка – равноценный
платить – плата – зарплата – квартплата – бесплатный вход
обменивать – обмен – меновой объект – изменять – изменение

2 Напишите слова одного корня. Пользуйтесь словарём.

заботиться, зависеть, зарабатывать, изменять, критиковать, обманывать, платить

3 Переведите со словарём. В каких ситуациях можно употребить эти фразеологизмы и пословицы?

Деньги как вода; деньги не пахнут; бросать деньги на ветер; не брать денег за спрос.
Чести много, денег мало. Деньги счёт любят. Дружба дружбой, а деньги врозь.

4 Напишите эквиваленты к подчёркнутым словам.

1. <u>негативная</u> реакция – _____

2. <u>внимательно смотреть на</u> что-н. – _____

3. становиться «<u>деловыми людьми</u>» – _____

4. давать компакт-диск <u>на некоторые время за деньги</u> – _____

5 Что продаётся в этих магазинах?

ПАРФЮМЕРИЯ
ГРАМПЛАСТИНКИ КОМПАКТДИСКИ
"ЮНИСЕТ-АРТ" АНТИКВАРНЫЙ МАГАЗИН
Русский фарфор handicraft
АРБАТ 34 ЗОЛОТО
ЮВЕЛИРНЫЙ САЛОН-МАГАЗИН ЭМЕРАЛЬД
БРИЛЛИАНТЫ ИЗУМРУДЫ САПФИРЫ
РЕМОНТ ЮВЕЛИРНЫХ ИЗДЕЛИЙ
ЭЛИТЭ Стиль САЛОН
ШТОРЫ, ЖАЛЮЗИ
Покрывала
Декоративные аксессуары
Вазы, карнизы

6 Сыграйте сценки на рынке. Попробуйте купить что-нибудь по выгодной цене.

а) Вы хотите купить компактный диск, но он слишком дорогой.
б) Вам очень понравился сувенир, но он продаётся только вместе с другим.
в) Вы ждёте гостей, вам нужны фрукты, но они дорогие.

7 Попробуйте продать вещи. Постарайтесь уговорить покупателя купить эти вещи. Работайте в парах.

[1] Schreibmaschine

Предлагают: старый чемодан; пи́шущую маши́нку[1]; учебники, по которым учился ваш дедушка; летом зимнюю обувь; шляпу вашей бабушки…

8 Как вы относитесь к тому, что родители дают детям деньги за отметки, помощь дома и т. д.? Почему вы так думаете?

9 Дайте друг другу советы, что вы делаете, чтобы у вас было больше карманных денег.

1. Где можно подрабатывать? 2. На чём можно экономить? 3. Что вы бы никогда не делали? 4. Что вы думаете о том, когда дарят деньги?

10 Выпишите спрятанные числительные и сложите их.

На электри́чке – к дяде Три́фону
Однажды я решил поехать на электричке на дачу к Трифону Семёновичу Бородину, своему дяде из Ростова и его семье. Место, где стоит его дача – далеко от железной дороги. Автобуса не было, стоять было холодно, я постоял-постоял – и пошёл пешком. Слышу, едет машина. Ну, думаю, – поеду автостопом. Поднимаю руку – стоп! Машина останавливается. А в ней – дядя Трифон! Как я был рад!

7Б

1 Выпишите как можно больше названий игр. В какие вы любите играть?

Т	К	Ш	А	Х	М	А	Т	Ы
Е	Е	А	Г	О	Л	Ь	Ф	М
Н	Г	Ш	К	К	Г	Т	У	Т
Н	Л	К	Р	К	А	Р	Т	Ы
И	И	И	И	Е	Н	Е	Б	О
С	Т	О	К	Й	Д	К	О	М
В	О	Л	Е	Й	Б	О	Л	Я
С	К	А	Т	Р	О	М	Е	Ч
Р	Е	Г	Б	И	Л	И	С	А
Б	А	Д	М	И	Н	Т	О	Н

2 ШЭРОН СТОУН ▪ СЛАВНЫЕ СТРАНИЦЫ РЭПА ▪ «МОЛОДОЙ» НА СЪЕМКАХ «ВЗГЛЯДА» ▪ ТВОЯ ОСАНКА
ВЫБИРАЯ МАГНИТОФОН ▪ КАЧАЛКА «МОЛОДОГО» ▪ ДЕНЬ, КОГДА СЪЕХАЛА КРЫША ▪ ЗНАКОМСТВА

АРГУМЕНТЫ И ФАКТЫ
Смолодой

[1] Titel

Прочитайте заголо́вок[1] приложения этой российской газеты. Как вы думаете, о чём можно читать в этой газете? Вам хотелось бы читать эту газету? Какие немецкие газеты и журналы вы читаете? Почему?

3 Проведите в классе опрос на тему «Интересы молодых людей» и подготовьте для этого анкету с вопросами и возможными ответами.

4 Найдите аргументы против употребления сигарет, алкогольных напитков, наркотиков и воспользуйтесь ими для оформления плаката на русском языке. Работайте в группах.

ЭТО БОЛЕЗНЬ

известные врачи
А.В. ДОВЖЕНКО
Т.З. ГАГЛОЕВА
ПОМОГУТ ВАМ

ОБРАЩАЙТЕСЬ
Москва, ул. Большая Ту...
дом культуры "Ко...
тел.: (095) 238-27-38

5 Напишите о спектакле или кинофильме, который вы недавно посмотрели. Воспользуйтесь этими вопросами.

1. Какой спектакль (фильм) вы посмотрели? 2. Кем и когда он был поставлен (снят)? 3. Кто исполняет главные роли? 4. Где и когда происходит действие спектакля (фильма)? 5. Какова его идея? 6. Какие вопросы и проблемы ставятся в спектакле (фильме)?

6 Напишите статью для стенгазеты о сегодняшней роли спорта, о положительных и отрицательных тенденциях в спорте.

7 Разыграйте ситуацию: у вас в гостях ваш русский друг. Объясните ему, где и как можно развлечься в вашем городе и решите вместе, как вы проведёте время.

8 Скажите, что здесь нельзя делать.

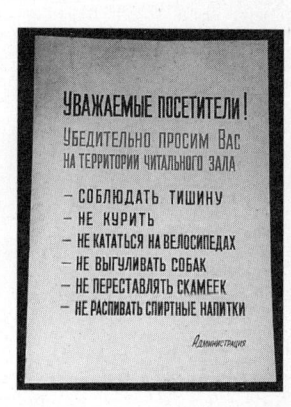

УВАЖАЕМЫЕ ПОСЕТИТЕЛИ!
Убедительно просим Вас на территории читального зала
— соблюдать тишину
— не курить
— не кататься на велосипедах
— не выгуливать собак
— не переставлять скамеек
— не распивать спиртные напитки

Администрация

9 Дополните схему. Напишите, в каких комнатах должны находиться секции нового молодёжного клуба. Аргументируйте своё решение.

1 Переведите словосочетания.

1. дружить с соседями, 2. сделать что-нибудь по дружбе, 3. ответить на любовь Кати, 4. объясниться в любви, 5. жениться по любви

2 Напишите с помощью словаря как можно больше слов одного корня и переведите их.

дружба, любовь, счастье, уважение, внимание, доверие

3 Образуйте словосочетания.

1. симпатизировать (девушка, парень, друг брата, родители)
2. влюбиться в (девушка, парень, наркоман, Таня, учитель)
3. винить сына в (преступление, обман, неправда)
4. нервничать из-за (вопрос, ответ, трудности, гроза)
5. ревновать жену к (друг, друзья, учитель, тренер)
6. соглашаться во всём с (брат, подруга, компания, друзья)

4 Напишите, как можно больше слов, которые сочетаются со словом «любить».

> любить <

5 Опишите внешность одноклассников, но не называйте их имён.

он(а) похож(а) на кого, он(а) какого роста, у него (неё) какие волосы, глаза, какая фигура, он(а) в чём, …

6 Как вы понимаете пословицы «Скажи мне, кто твой друг, и я скажу, кто ты»? и «На красоту смотри, а умом живи».

7 С какими из высказываний вы согласны или не согласны? Почему?

1. Любовь и дружба дают столько, сколько берут. (А. Герцен)
2. Любовь – значит жить жизнью того, кого любишь. (Л. Толстой)
3. Любовь честнее доверия, и обманутый влюблённый заслуживает не сожаления, а удивления и уважения. (А. Платонов)
4. Когда нам кажется, что мы знаем другого, – это каждый раз означает конец любви. (М. Фриш)

8 Переведите выражения. Как вы их понимаете?

1. Любовь с первого взгляда. 2. Старая любовь не ржавеет. 3. Любовь слепа. 4. Любовь проходит через желудок. 5. Одной любовью не проживёшь. 6. Занимайтесь любовью, а не войной.

9 Скажите, как бы вы вели себя в следующих ситуациях.

1. Вы видите, как ваш парень целует другую девушку.
2. Ваша подруга (ваш друг) воспитывает вас в присутствии друзей.
3. Вы поссо́рились¹ со своим парнем (со своей девушкой).

¹ haben sich gestritten

10 Представьте себе, что вы могли бы превратиться в личность любой эпохи и жить её жизнью один месяц. Какую роль вы бы выбрали? Почему? Что бы вы сделали?

11 Придумайте вопросы и возможные ответы для анкеты на тему «Что нам нравится в людях, с которыми мы дружим» и проведите этот опрос в разных классах вашей школы.

12 Напишите русским друзьям о том, чем вы занимаетесь со своей компанией.

13 Подготовьте вопросы и возьмите у одного из одноклассников интервью на тему «Спу́тник жи́зни¹, о котором я мечтаю».

¹ Lebenspartner

14 Придумайте и разыграйте сценку в цветочном магазине.

15 Прокомментируйте эти карикатуры. Расскажите о значении любви в вашей жизни.

16 Выберите ваш личный гороскоп. Прочитайте его с помощью словаря. Как вы относитесь к гороскопам?

ГОРОСКОП
с 30 сентября по 6 октября (40-я неделя года)

На этой неделе у многих могут возникать проблемы из-за чрезмерной экспансивности, неоправданного оптимизма, расточительности и рассеянности. В понедельник прислушайтесь к своему внутреннему миру и не стройте иллюзий. Во вторник будьте сдержанны — излишняя эмоциональность не пойдет вам на пользу. Среда хороша для заключения договоров и перехода на новую работу. Домашними делами лучше заняться в субботу, а воскресенье использовать для отдыха и укрепления здоровья.

ОВЕН Выяснение отношений с партнером может быть чересчур бурным, но это не должно вас беспокоить, иногда полезно выпустить пар. А вот в делах эмоции могут навредить. Отправляясь в среду в деловую поездку, воздержитесь от развлечений. Деловая встреча в четверг будет успешной. В пятницу домашние обязанности могут ущемить ваши интересы. Выходные посвятите домашним делам.

ТЕЛЕЦ В понедельник и в пятницу любимый будет восхищен вашими талантами и энергией. Во вторник не распыляйте усилия — ваших сил хватит только на главное. Неожиданный приработок в среду потратьте на здоровье. Выходные лучше провести в компании друзей и близких.

БЛИЗНЕЦЫ Нежные чувства могут толкнуть вас на необдуманные поступки. Во вторник не начинайте новых дел, даже если очень хочется. В среду вам захочется выступить на публике. В пятницу не увлекайтесь развлечениями, это может вызвать множество сплетен. В выходные съездите и купите что-нибудь для дома.

РАК Самое время позаботиться о старших родственниках. По поведению близких друзей вы можете судить о ваших проблемах. Во вторник сдерживайте эмоции и не стремитесь на первый план. В среду придется поделиться с домашними своими финансовыми проблемами. Предложение сотрудничества в четверг следует принять, хотя оно и чревато осложнениями. В выходные займитесь собой и своим здоровьем.

ЛЕВ В понедельник ваш профессионализм поможет заработать, но создает вокруг вас чересчур много шума. В середине недели друзья сделают вам интересное предложение. Смело беритесь за него всей командой. В пятницу ваши опасения насчет любимого могут толкнуть вас в дорогу. В выходные отдохните в обществе.

ДЕВА На этой неделе точно рассчитайте свои финансовые возможности, дабы избежать риска. Если во вторник вас посетит новая идея, не спешите ее воплощать. В среду вероятно служебное повышение. В конце недели ваше мастерство принесет новые контакты. В выходные дела, как никогда, дают возможность утвердиться в глазах любимого.

ВЕСЫ Для вас наступил период, когда можно блеснуть, начать новые дела, даже в ущерб домашним обязанностям. В понедельник риск будет вознагражден. В середине недели ваши достоинства будут очевидны и близким друзьям, и деловым партнерам, и никакие сплетни не смогут этому помешать. В выходные рискните попробовать что-нибудь новое.

СКОРПИОН Ваша активность несколько поутихла. Вам лучше не выходить на первые роли. В понедельник в отношении окружающих к вам могут проявиться старые проблемы. В среду доверьтесь интуиции и не бойтесь препятствий. Четверг хорош для общих дел с приехавшим издалека партнером. За выходные вы можете эффективно пополнить свои знания.

СТРЕЛЕЦ Вы в состоянии перехода за новый финансовый рубеж, если будете опираться на имеющиеся средства и свое творчество. В понедельник не конфликтуйте с коллегами, иначе это помешает делам. Во вторник, выслушав любимого, не обязательно делать все наоборот. В среду излишняя активность может создать о вас негативное впечатление. Четверг подходит для совместных дел и решения юридических вопросов. В пятницу будьте осторожнее с деньгами! Выходные отдохните и подумайте в тиши.

КОЗЕРОГ Новое назначение не обойдется без неприятностей, но отказываться от него не стоит. В понедельник не балуйте себя, позаботьтесь лучше о близких. Во вторник обратите внимание на здоровье. В среду выполнение обязанностей будет в радость. В четверг хорошо сходить в гости. В выходные разберитесь с денежными делами и отдохните в семейном кругу.

ВОДОЛЕЙ Дальняя поездка, связанная с новыми планами, может задержаться. В понедельник займитесь домашними делами, если не хотите конфликтов в семье. Во вторник займитесь самообразованием. Четверг посвятите детям. В пятницу не оспаривайте авторитеты. В выходные закончите дела и отдыхайте.

РЫБЫ Рискованные дела могут сопровождаться конфликтами, но если близкие вас поддержат, выигрыш обеспечен. В понедельник сдерживайте эмоции при встрече с друзьями. Во вторник действуйте, не афишируя свои идеи. В среду домашние обязанности вызовут недовольство на работе. В пятницу не расслабляйтесь, иначе возможно недовольство начальства. В выходные пообщайтесь с детьми и займитесь здоровьем.

1 Дополните таблицу с помощью толкового словаря.

Кто?	Что?	Что делать?
собеседник	беседа	беседовать
ученик		
	критика	
мечтатель		
	обман	

2 Дополните слова одного корня с помощью толкового словаря.

верить, доверить, вера, доверие, недоверие, верующий, …

знать, _____

уметь, _____

работать, _____

строить, _____

3 Дополните, а потом употребите выражения в вопросах. Ответьте на них.

1. быть похожим на (отец, подростки за границей, немцы)
2. отличаться (ум, скромность, стремление к «вещизму»)
3. увлекаться (танцы, спорт, автомашины, мода, чтение)
4. заботиться о (мир, будущее, дружеские отношения)

4 Дополните предложения.

1. Родители часто критически относятся к (молодёжный жаргон, раскрашенные волосы, курение).
2. Многие русские недовольны (политика правительства, реформы).
3. Немало людей верят в (светлое будущее, улучшение ситуации на рынке труда).

5 Какую модную одежду здесь можно купить?

БУЛЬДОГ
МАГАЗИН
ОБУВЬ ОДЕЖДА АКСЕССУАРЫ

КОЖГАЛАНТЕРЕЯ
СУМКИ
ПОРТФЕЛИ
КЕЙСЫ
ПЕРЧАТКИ
более 250 видов

КРАСНАЯ ЗАРЯ
БЕЛЬЁ
ДАМСКОЕ ДЕТСКОЕ МУЖСКОЕ СПОРТИВНОЕ

ЮВЕЛИРНЫЙ
САЛОН-МАГАЗИН

6 Напишите для показа моды тексты по образцу и познакомьте одноклассников с соответствующими моделями.

Вот, смотрите, это ... (имя). Он(а) демонстрирует ... (что?). Цвет модный. Фасон по последней моде. Это модель фирмы ... (название). Модель из ... (какого материала?). (Что кому?) ... очень идёт. (Что?) ... хорошо подходит ... (к чему?). Обратите внимание и на ... (что?). Вы можете купить эту элегантную модель за ... (цена). Спасибо тебе, ... (имя).

7 Выскажите своё мнение в письме.

1. Что вам нравится в современной моде, а что нет? 2. Что вы хотели бы изменить? 3. Какой будет мода в XXI веке?

8 С какими мнениями вы согласны, с какими не согласны? Почему?

1. Для младшего поколения мода важнее, чем для старшего.
2. Люди должны одеваться по последней моде.
3. Одеваться модно – значит носить фирменные шмотки.
4. Только молодым людям идут яркие цвета.
5. Всё красивое модно, а всё модное красиво.

9 Поговорите друг с другом о смысле, ценностях и целях жизни. Как вы думаете, какие взгля́ды[1] на это имеют старшие?

[1] Ansichten

отношение: к культурным ценностям, к вещизму, к конкуренции, к образованию, к деньгам, к дружбе, к товариществу, к готовности помочь, к наси́лию[2], к употреблению наркотиков, к обману, к иностранцам, к активному участию в политической жизни, ...

[2] Gewalt

10 Как вы думаете, верят ли взрослые в молодёжь? Покажите это на примерах.

11 Напишите русским друзьям, в какой стране вам хотелось бы жить и почему.

12 Прочитайте афишу. Хотели бы вы принять участие в этом конкурсе?

Глубокоуважаемые!

Требуются семь актеров и одна актриса комедийного амплуа для участия в телепередаче "Как много девушек хороших..."

Отбор: 14—го февраля в 12часов.
Репетиция: сразу после отбора.
(оплачивается: 50т.р.)
Съемки: 16—го февраля с 14—ти часов.
(оплачивается: 50т.р.)

Все это происходит:
ул.Восточная д.4 ДК ЗИЛ (м.Автозаводская).

Сбор 14—го февраля в 12часов около артистического входа.

Тел. для справок 275 51 44.

Россия в начале XXI века

1 Какие слова не входят в ряд? Почему?

лошадь, свинья, пшеница, собака, птица
морковь, дерево, мёд, зерно, капуста, овощи
крестьянин, фермер, матрос, пчеловод, биолог, механик

2 Напишите к каждому слову однокоренные слова. Воспользуйтесь толковым словарём.

колхоз, фермер, аренда, налог, мясо, успех, импорт

3 Найдите антонимы к подчёркнутым словам.

1. <u>богатый</u> колхоз, 2. <u>дёшево</u> производить зерно и мясо, 3. <u>экспортировать</u> продукты, 4. <u>сдавать</u> в аренду не самую лучшую землю, 5. платить <u>низкие</u> налоги.

4 Найдите не менее 10 слов на тему «Сельское хозяйство».

По горизонтали: 1. личное мест. в род. пад.; 4. домашнее животное, которое даёт молоко и мясо; 5. временное пользование чем-н. за плату; 7. продукт пчеловодства; 8. южноамериканское животное; 9. то, из чего делают муку; 11. ант.: вечер; 12. напр., дождь, снег; 14. домашнее животное, на котором ездят и возят что-н.; 15. коллективное объединение, которое создаётся на средства его членов; 17. предлог, требующий предл. пад.; 18. то, из чего делают, напр., хлеб; 19. русский деликатес из мелких яиц рыбы; 21. частица; 24. центральный банк (сокр.); 25. указат. мест. (род. пад.); 26. линия, которой кончается что-н.

По вертикали: 1. плата денег государству; 2. море, расположенное в Казахстане и Узбекистане; 3. отец, мать и дети; 4. компакт-диск (сокр.); 6. предлог, требующий твор. пад.; 10. земля, на которой растёт картошка, пшеница; 13. домашнее животное, которое называют другом человека; 15. небольшое домашнее животное; 16. животное, которое летает; 20. коммерческий банк (сокр.); 21. с + «она»; 22. они (род. пад.); 23. северо-восток (сокр.); 25. указат. мест. (ж. род).

5 Впишите в таблицу как можно больше слов к теме «деревня».

профессия	животные	продукты

6 Объясните понятия.

Образец: Деревня – это дома, сады и поля крестьян, их домашние животные и сельскохозяйственные машины, …

жители деревни, техника, домашние животные, овощи, зерно, продукты

7 Что полезно для здоровья? Дайте советы.

1. Здоровый завтрак для меня – это _____

_____

2. Советую есть больше _____

_____

3. Вечером нельзя _____

_____

4. Для здоровья важны и _____

_____

8 Выскажите своё мнение об одном из следующих высказываний.

1. Надо запретить использование химических веществ в сельском хозяйстве.
2. Интенсивное сельское хозяйство разрушает природу.
3. Овощи и фрукты не нужны. В таблетках больше витаминов.
4. Гамбургеры – настоящее будущее человека.

1 Составьте из данных слогов как можно больше названий профессий и запишите их.

учи воспита истор пев _____

исследова маст колхоз _____

тель ист ик ник _____

ница ер ка ец ир _____

брок агротех писа ферм _____

банк инжен журнал _____

трен провод чинов юр _____

2 От каких глаголов образованы существительные?

торговец, купец, учительница, строитель, воспитательница, переводчик, певица, руководительница, советник

3 *на/учить* или *на/учиться*?

1. Я _____ русский язык уже пятый год. 2. Я очень люблю _____ его. 3. Мне нравится _____ в нашем классе. 4. На уроках мы _____ петь русские песни. 5. Моя подруга Марион очень хорошо _____ говорить по-русски, потому что она три года жила в России. 6. После окончания школы она хочет _____ на переводчика. 7. А я хочу _____ на экономиста. 8. В свободное время я _____ Марион играть на гитаре, а она _____ меня русскому языку. 9. Обычно мы вместе _____ новые слова.

4 Вставьте, где необходимо, слово *есть*.

1. – У Игоря _____ подруга?

– Да, у него _____ подруга. У Нади _____ золотые руки.

2. – У Игоря _____ дедушка?

– Да, у него _____ дедушка. У его дедушки _____ большой сад.

3. – Почему Игорь хочет стать менеджером?

– Он считает, у менеджеров всегда _____ много денег.

5 Найдите слова к теме «бизнес».

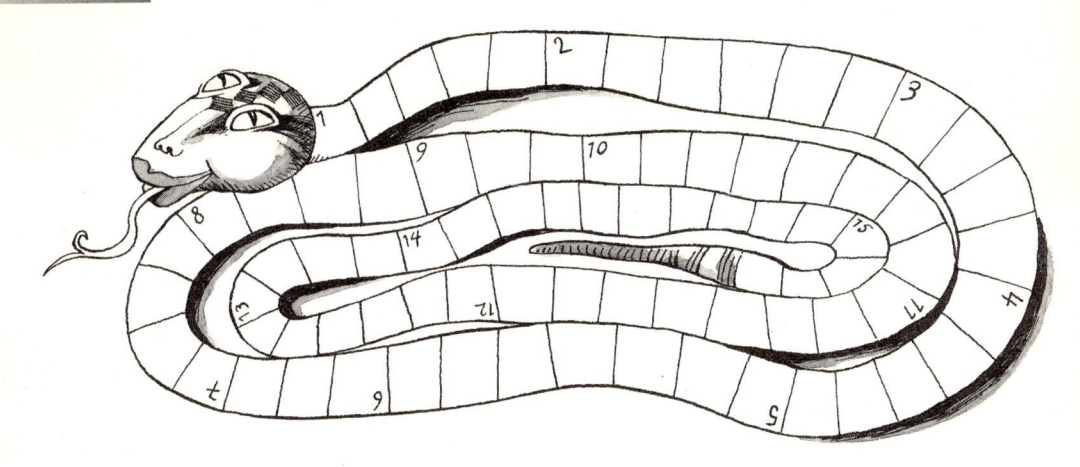

1. специалист по ведению банковских операций; 2. человек, который нелегально требует денег «за защиту»; 3. место, где торгуют; 4. покупатель, посетитель; 5. тот, кто торгует; 6. сумма денег, которую надо платить за товары; 7. представитель предприятия, выполняющий деловые задания; 8. то, чем торгуют; 9. фактор, который должен знать каждый предприниматель, чтобы стать преуспевающим; 10. тот, кто соревнуется с другими; 11. поезда, автомобили и другие; 12. аппарат для передачи разговоров на расстояние; 13. плата денег государству населением или предприятием; 14. страна со своими законами; 15. то же, что бюро.

6 Каким должен быть бизнесмен? Почему?

глупый, инициативный, старательный, преуспевающий, ленивый, ...

7 Какие ценности играют большую роль в вашей жизни и почему? Впишите их в таблицу и поговорите об этом.

[1] geistige

материальные	социальные	духо́вные[1]

8 Реклама – двигатель торговли. Сделайте рекламу товара своего выбора. Напишите рекламный текст.

9 Напишите, какими вы представляете себя и своих друзей через 15 лет.

1 с или з?

во__питывать ребёнка, интересный ра__говор, большое во__хищение, бе__платный билет, и__образить море, во__раст моего брата, писать ра__сказ.

2 Подчёркнутые слова замените другими подходящими.

1. Разделение на очень богатых и бедных в России произошло <u>за очень короткое время</u>. 2. Многие <u>потеряли работу</u>. 3. Они хотят найти <u>рабочее место</u>. 4. Многие пенсионеры в России получают <u>мало денег</u>. 5. Иногда <u>спрашивают</u>, как другие <u>относятся к безработице</u> знакомого. 6. Они ничем, кроме <u>понимания</u>, помочь не могут.

3 Напишите как можно больше названий профессии тех, кто ...

учит детей в школе _____

помогает больным _____

возит пассажиров _____

выступает в театре или цирке _____

4 Расположите буквы в определённом порядке и скажите, по какой специальности работают эти люди.

1. Е. Д. Режмен, 2. С. Т. Расемед, 3. О. Г. Торцев, 4. Р. Е. Нежин, 5. Д. П. Роников, 6. Д. О. Жухник, 7. П. Р. Одацев.

5 Напишите и объясните, какие черты хара́ктера[1] и способности должны иметь люди этих профессий.

[1] Charakter-eigenschaften

бизнесмен, врач, математик, продавец в магазине игрушек (в автомагазине), капитан, тренер, секретарь, переводчик

6 Подготовьте свои документы о приёме на работу в русскую фирму. В заявлении о приёме на работу напишите, почему вы – лучший кандидат.

1. Почему вы хотите работать в этой фирме?
2. Почему вы считаете себя нужным фирме?
3. Какое у вас образование?
4. На каких языках вы говорите?
5. Как вы относитесь к работе за рубежом?
6. Какие специальные знания у вас есть?

7 Прочитайте объявления. Какое из них интересует вас больше всего, какое не очень. Почему?

Один из крупнейших ночных клубов Москвы проводит конкурс на замещение руководящих должностей в сфере службы питания

- *метрдотель ночного клуба*
- *метрдотель зала казино*
- *менеджер баров*
- *ассистент шеф-повара*
- *кондитер*
- *оператор столовой*

Все должности являются высокооплачиваемыми
Имеется возможность повышения в должности по месту работы
Резюме направлять по факсу 232-9177, код НОВ

АКАДЕМИЯ НАРОДНОГО ХОЗЯЙСТВА ПРИ ПРАВИТЕЛЬСТВЕ РОССИЙСКОЙ ФЕДЕРАЦИИ

ВЫСШАЯ ШКОЛА МЕЖДУНАРОДНОГО БИЗНЕСА

объявляет зимний набор слушателей

НА МАГИСТЕРСКУЮ ПРОГРАММУ "МЕЖДУНАРОДНЫЙ БИЗНЕС"

Продолжительность обучения:
1,5 года (вечернее отделение), с 12 марта 1997 года
1,7 года (очно-заочное отделение), с 17 марта 1997 года

Дополнительная возможность: государственный диплом о втором высшем экономическом образовании

Тел.: (095) 433-24-87, 433-25-58, 433-98-59
Звоните! Интересуйтесь! Уточняйте!

Фонд "ВЕСНА ЖИЗНИ"
бизнес-тренинги
"Учитесь Говорить"
22-23 февраля, 1 марта, тренер Лариса Соловьева, Россия
"Искусство и Техника Продаж" 3-5 марта
"Маркетинг для Оптовых Продаж" 6 марта
"Как Создавать Прорывы" 13-15 марта
тренер Надя Крылов, США
тел. 252-1207, 252-7662, 252-0787

Арсенал ШКОЛА МЕНЕДЖЕРОВ
5 лет работы в бизнес-образовании
Тел. 234-32-33
Факс: 444-98-08

БИЗНЕС-КУРС:
"Менеджер по продажам"
(с трудоустройством)
начало 18 февраля

ТРЕНИНГ:
"Менеджмент и техника продаж",
21-23 февраля
1-й этап для руководителей
2-й для менеджеров

Вниманию читателей и рекламодателей: рубрика

РАБОТА И УЧЕБА ЗА РУБЕЖОМ

Для некоммерческих организаций льготные расценки на рекламу

Обращайтесь к Лене Николаевой или Галине Устиновой по телефону: 232-1750, или факсу: 232-9177

Кадровое агентство
«Поиск»
предлагает высококвалифицированных специалистов
- менеджеры
- коммерческие директора
- банковские специалисты
- юристы
- АХО
- другие

Для работодателей услуги бесплатны
166-2263, 166-2372, 472-4664

---

8 Представьте себе, что вы социолог. Проведите опрос[1] и выясните, какую профессию молодые люди считают престижной и почему. Обсудите результаты опроса с одноклассниками.

[1] Umfrage

9 Объясните смысл одной из пословиц.

Время – деньги. Всему своё время. Не в деньгах счастье. Не место красит человека, а человек место.

1 Объясните значение следующих слов.

Образец: <u>еже</u>месячная встреча – встреча, которая повторяется каждый месяц

1. ежегодный конгресс, 2. еженедельная телепередача, 3. ежеминутный звонок, 4. ежеквартальная плата, 5. ежечасные новости, 6. ежедневная газета, 7. ежесекундный риск.

2 Придумайте высказывания с наречиями.

ежедневно, еженедельно, ежемесячно, ежегодно

3 Какое русское слово синонимично иностранному?

ввоз, промышленность, уничтожение, соревнование, вывоз, деньги

1. индустрия _____

2. экспорт _____

3. импорт _____

4. финансы _____

5. ликвидация _____

6. конкуренция _____

4 Назовите немецкие слова, которые взяты из русского языка, как например, Samowar, Wodka и другие. Почему они существуют в немецком языке?

5 Прочитайте объявление. Что, по-вашему, нужно делать для сохране́ния[1] мира? Какую роль в этом может играть Россия?

[1] Erhaltung

6 Образуйте словосочетания и употребите их в высказываниях о ситуации в сегодняшней России.

[1] festigen
[2] bewahren, erhalten
[3] Entwicklung

планировать, говорить, думать, мечтать, иметь, укрепля́ть[1], стать, мобилизовать, сохраня́ть[2], проводить, решать, интересоваться

будущее, результат, держава возрождение, демократия, разви́тие[3], политика, свет, возможность, проблемы

7 Прокомментируйте эту карикатуру.

8 Переведите эти высказывания с помощью словаря. Какие из них вам ближе, почему?

1. Каждому человеку свойственно ошибаться. 2. Во всём должна быть мера. 3. Пока дышу, надеюсь. 4. Настоящее богатство человека – много друзей. 6. Утро вечера мудреннее. 7. На ошибках учатся.

9 Выучите стихотворение, написанное в декабре 1918 г.

Знайте!

Зинаида Гиппиус

[1] hier: geht unter
[2] in die Ähren schießen
[3] Rettung
[4] Auferstehung

Она не поги́бнет[1], – знайте!
Она не погибнет, Россия.
Они всколося́тся[2], – верьте!
Поля её золотые.

И мы не погибнем, – верьте!
Но что нам наше спасе́нье[3]?
Россия спасётся, – знайте!
И ближе её воскресе́нье[4].

Категория вида

1 Какие предложения точно передают описанную ситуацию?

1. Wolodja hat den Roman gelesen. (von A bis Z)

   ☐ а) Володя читал роман.   ☐ б) Володя прочитал роман.

2. Natascha schrieb (gerade) einen Brief.

   ☐ а) Наташа писала письмо.   ☐ б) Наташа написала письмо.

3. Der Lehrer war dabei, den neuen Lehrstoff zu erklären.

   ☐ а) Учитель объяснял новый учебный материал.

   ☐ б) Учитель объяснил новый учебный материал.

2 Переведите и объясните различие по видовому значению.

1. а) Коля решил задачу.
   б) Борис решал задачу, но не решил её.
2. а) Ира уже рассказывала о Байкале.
   б) Ира уже рассказала о Байкале.
3. а) Лена приглашала меня к себе.
   б) Лена пригласила меня к себе.

3 Переведите и объясните употребление видов.

а) – Ты будешь учиться после окончания гимназии?
   – Нет. Буду работать в магазине моих родителей.
б) – Какие у вас планы на будущее?
   – Окончу школу, поеду за границу, потом, наверно, начну учиться в университете.
в) – Что ты будешь делать, когда окончишь университет?
   – Буду работать юристом.

4 Выпишите из отрывка письма глаголы. Объясните употребление видов.

... С 14 лет я начала курить. К счастью, я встретила Его. Мы познакомились на дискотеке. В тот вечер я рассказывала ему про себя, а он с большим вниманием слушал меня. Я влюбилась в него сразу. Как я была счастлива в тот день, когда и он сказал, что любит меня. Но Олег попросил меня, чтобы я перестáла[1] курить.
Сейчас мне 17 лет, ему 18. Я окончила школу, мои родители очень довольны мной и знают, что такой меня сделал Олег. Теперь я начала интересоваться компьютером, потому что Олег изучает информатику. Конечно, всё, может быть, было бы по-другому, если бы я не влюбилась.

Ирина

[1] aufhören

5 *Подарить* или *дарить*?

– У твоего отца скоро день рождения. Что ты хочешь ему _____ _____?

– Может быть, я _____ ему хорошую книгу или компакт-диск.

– А что ты обычно _____ своим родителям?

– Обычно я _____ цветы и самодельные подарки.

6 *Прочитать* или *читать*?

– Что вы делали вчера вечером?

– Я _____ роман Булгакова «Мастер и Маргарита».

– Ты уже _____ его?

– Да, _____. Он мне очень понравился.

7 Вычеркните неправильный глагол и обоснуйте свой выбор.

Как появилась/появлялась русская матрёшка?
В русских деревнях сделали/делали в конце XIX века интересную игру́шку[1] – яйцо в яйцо, а там второе, третье. По принципу этой игрушки художник Малютин нарисовал/рисовал другую картину – крестья́нки[2] и её дочери. Он сделал/делал несколько игрушек: одна меньше другой. Потом он их раскрасил/раскрашивал. Получилась/получалась красивая игрушка-крестьянка в ярком платке и русской народной одежде. Такими же красивыми были/ бывали её дочери. Новая игрушка сразу всем понравилась/нравилась. Её назвали/называли Матрёшкой – от популярного в те времена имени Матрёна. Так родилась/рождалась матрёшка, которая стала/становилась знаменитым русским сувениром.

[1] Spielzeug
[2] Bäuerin

8 Выберите правильный вариант и обоснуйте свой выбор.

Техникой я начал заняться/заниматься ещё в детстве. Сначала отец учил меня от/ремонтировать электроприборы, которыми мы вос/пользовались дома, а потом я стал заняться/заниматься в школе. Здесь я научился собрать/собирать различные физические приборы. После школы я продолжил научиться/учиться в техникуме. Я очень люблю прочитать/читать технические журналы, решить/решать технические задачи и мечтаю стать/становиться конструктором.

Управление глаголов

желать, просить, требовать, хотеть → чего

1 Напишите открытку с пожеланиями к Новому году или к дню рождения.

сибирское здоровье, семейное счастье, большие успехи в работе, успешная поездка, всё хорошее, долголетие

2 Сформулируйте три требования местным политикам.

деньги для школ, внимание к проблемам молодых людей, строительство новых спортивных комплексов, создание клубов …

3 Вставьте подходящие по смыслу существительные.

1. Я желаю вам _____

2. Мой друг требует от меня _____

3. Вова попросил _____

4. Эта задача требует _____

4 Предложите своим гостям чего-нибудь поесть или выпить.

Образец: Не хотите ли чая (чаю)?

солянка, пироги, стакан сока, чашка кофе, вода, шампанское, сахар, хлеб, колбаса, овощи, молоко, коньяк …

звонить, мешать, симпатизировать, учиться → кому-чему

5 Сравните управление русских и немецких глаголов.

1. Не мешай отцу, он работает.
2. Я должен позвонить моему брату сегодня.
3. Гриша учится игре на гитаре, он поможет нам.
4. Дедушка симпатизирует молодому поколению.

6 Вставьте подходящие слова в нужной форме.

1. Не мешайте _____, мы решаем сложную задачу.

2. Позвоните _____ домой. 3. Где вы учились _____

_____? 4. Катя симпатизирует _____.

7 Вставьте данные в скобках слова в нужной форме.

1. (Что) можно учиться на этом примере? 2. Тренер обучает детей (игра в теннис). 3. Мария учит детей (русский язык). 4. Ваня учится (плавание). 5. За последний год он (многое) научился.

> поздравлять, благодарить, помнить, ждать, встречать → кого-что

8 Выскажите кому-нибудь свою благодарность за что-нибудь.

1. ты – помощь, 2. вы – подарок, 3. школа – приз, 4. мои родители – любовь и внимание, 5. тренер – хорошая работа, 6. друзья – компакт-диск, 7. Коля – письмо, 8. друг – совет.

9 Ответьте на вопросы.

1. Кого вы поздравляете с чем? 2. Кого вы благодарите за книгу? 3. Кого вы ждёте? 4. Кого вы встретили на вокзале?

> править, руководить, управлять → кем-чем

10 Дополните.

править (государство, страна; машина, лодка, самолёт)

_____

_____

руководить (клуб друзей России, институт, практика)

_____

управлять (государство, страна; предприятие, производство)

_____

> заниматься, интересоваться, увлекаться → кем-чем

11 Как вы относитесь к следующим видам деятельности?

Образец: Я (не) очень интересуюсь гандболом.

(не) интересоваться (не) увлекаться (не) заниматься	футбол, шахматы, музыка, классическая литература, политика, иностранные языки, театр, экономика, жизнь других народов, мнение других людей, история России, книги, монеты, почтовые марки

быть, стать, называться, считать(ся), казаться → кем-чем

12 Вставьте данные в скобках слова в нужной форме.

1. Мы все считаем Алексея _____ (хороший ученик). 2. Многие в шу́тку¹ называют его _____ _____ (ходя́чая² энциклопедия), потому что он очень много знает. 3. Иногда он кажется очень _____ (серьёзный). 4. С ним очень интересно, потому что он интересуется _____ (всё).

¹ aus Spaß
² wandelnde

13 Кем работают эти люди?

Образец: Отец моего друга лечит больных. – Он работает врачом.

1. Таня продаёт игрушки. 2. Мой дядя переводит книги. 3. Ина работает у врача. 4. Таня учит детей. 5. Марина пишет статьи для газеты.

договариваться, просить, мечтать → о ком-чём

14 Ответьте на вопросы.

1. О чём вы договорились? (встреча, цена, поездка)
_____

2. О чём вы просили родителей? (помощь, деньги, совет)
_____

3. О чём вы мечтаете? (каникулы, мотоцикл, новая машина)
_____

15 Употребите слова, данные в скобках, в нужной форме.

Дорогие Катрин и Оливер!
Мы ещё раз хотели бы поблагодарить (вы) за ваше гостеприимство. Мы часто вспоминаем (вы) и никогда не забудем те дни, когда мы отдыхали у Балтийского моря. Зоя часто говорит о том, как она училась у вас (плавание). Было так весело!
А теперь вы приезжайте к нам в гости! Так как Оливер интересуется (русское искусство), мы обязательно посетим наши музеи.
У вас скоро будут экзамены. Желаем вам (успехи). Пишите. Ждём (вы) и (ваши письма).

Ваши Зоя и Саша.

Императив

1 Найдите и подчеркните глаголы в императиве. Образуйте от них форму множественного числа.

слушай, чай, открой, второй, мой, здравствуй, пиши, карандаши, среди, войди, возьми, восьми, обувь, готовь, ешь, играешь

2 Выпишите глаголы в императиве.

– Извините, этот стол занят?
– Он зарезервирован. Садитесь, пожалуйста, у окна.
– Что вы нам предложите?
– Попробуйте наши пирожки. Они очень вкусны.
– Будьте добры, принесите нам две порции, пожалуйста.
– И что вы будете пить?
– Чай, пожалуйста.

– Здравствуй, Людочка!
– Здравствуй, Вика! Как я рада тебе! Проходи, пожалуйста! Чувствуй себя как дома!
– Спасибо.
– Давай пить чай! Лариса, возьми немножко варенья!
– Как вкусно!

-й/те: _____

-и/те: _____

-ь/те: _____

3 Попросите друга или подругу …

регулярно заниматься спортом, пить на завтрак какао, регулярно ходить на тренировки, играть в волейбол с вами по средам, писать (звонить) чаще, регулярно читать журналы на русском языке, регулярно слушать передачи радио Москвы, много говорить по-русски с гостями из России.

4 Ответьте на вопросы по образцу.

Образец: – Можно вам позвонить позже?
– Пожалуйста, позвоните!

1. Можно войти? 2. Можно взять у вас интервью? 3. Можно сесть за этот стол? 4. Можно спросить вас о личных планах на будущее?

5 Что они говорят?

1. Турист милиционеру на улице.

- описать дорогу до ресторана
  _____

- говорить медленнее
  _____

- показать дорогу на плане города
  _____

2. Милиционер туристу на улице.

- идти прямо
  _____

- свернуть налево
  _____

- перейти через мост
  _____

6 Что вы скажете в следующих ситуациях?

Образец: В комнате очень холодно. – Закройте, пожалуйста, окно!

1. Вам плохо слышно (собеседника). 2. Вы не поняли слова, которое употребил ваш русский друг. 3. Вы хотите пойти вместе с русскими друзьями в ресторан, но вам нужно ещё обязательно позвонить домой. 4. Лариса хочет поехать в гости к своей бабушке. Её бабушку вы хорошо знаете. 5. Вам нужна помощь.

7 Запретите и скажите, почему вы против этого.
Обратите внимание: запрет → не + *несовершенный* вид!

Образец: звонить Тане
Не звони сегодня Тане! У неё завтра экзамен.

1. курить, 2. пробовать наркотик, 3. писать маме об этом, 4. говорить громко в библиотеке, 5. пользоваться компьютером во время полёта, 6. входить без разрешения в кабинет врача.

Конъюнктив

1 Переведите, что написали юноши и девушки в редакцию молодёжной газеты на вопрос о своих желаниях.

1. Я хочу, чтобы на Земле был мир. 2. Я хочу, чтобы все были счастливы. 3. Я хочу, чтобы никто не голодал. 4. Я хочу, чтобы люди стали добрее. 5. Я хочу, чтобы к нам относились серьёзно как к партнёрам. 6. Я хочу, чтобы безработных стало меньше.

2 Переведите.

XXI век: Каким я представляю себе своё будущее?
Будущее – это и моя собственная жизнь, которую я хотела бы построить как можно лучше. Я хочу заниматься торго́влей[1] между Германией и Россией. Изучая эти науки, я хотела бы изучать и экологию. Нам нужно бы вместе бороться против загрязнения нашей Земли. Мне хотелось бы, чтобы богатый мир не забывал о бедных и помогал им. Хорошо было бы, если бы люди вместе строили лучший мир.

[1] Handel

3 Преобразуйте предложения по образцу.

Образец: Он сказал нам: «Передайте привет друзьям».
Он сказал нам, чтобы мы передали привет друзьям.

1. Он попросил меня: «Не говори ей о моём решении». 2. Друг посоветовал мне: «Учись бороться с трудностями». 3. Таня сказала мне: «Пиши мне чаще». 4. Ина попросила меня: «Принеси мне, пожалуйста, роман Булгакова "Мастер и Маргарита"». 5. Учитель сказал нам: «Переведите письмо». 6. Моя подруга написала мне: «Начни читать сказки и басни Толстого на русском языке».

4 Закончите предложения.

1. Если бы у меня было много свободного времени, _____

2. Если бы не экзамены, _____

3. Если бы я был(а) Ка́нцлером Германии, _____

4. Если бы у меня было много денег, _____

Глаголы движения

1 Дополните таблицу. Подумайте, являются ли глаголы однонаправленными (1) или неоднонаправленными (2).

инфинитив	1	2	я	ты	он(а)	слово-партнёр
ходить		х	хожу	ходишь	ходил(а)	идти
			бегу			
					ехал(а)	
			плыву			
				летишь		
			ношу			
				возишь		
					водил(а)	

2 Прочитайте и обоснуйте употребление глаголов движения.

Любители театра
– Ты опять идёшь в театр? Ведь ты уже ходила на эту оперу?
– Да, но я ходила не в этом платье.

3 Выберите правильный вариант.

1. Я каждый день иду – хожу в школу пешком. 2. А сегодня плохая погода, поэтому я еду – езжу на автобусе. 3. Автобус едет – ездит в школу быстро. 4. Я вижу знакомую, которая ведёт – водит своего сына в детский сад. 5. Поэтому она идёт – ходит медленно. 6. Рядом с ней дети, которые идут – ходят быстро. 7. Наверное, они идут – ходят в школу.

4 Измените предложения по образцу. Употребите *всегда, обычно, часто, иногда, каждый день, каждое лето, ...*

Образец: Мы плывём на другой берег озера.
Мы часто плаваем на другой берег озера.

1. Во время каникул наша семья едет на юг.
2. Мы идём в поход в горы.
3. Я несу письма на почту.
4. Мама ведёт ребят в картинную галерею.

5 *Идти* или *ходить*?

1. Куда вы сейчас _____? 2. Мы _____ к своим друзьям. 3. Вы часто _____ к ним в гости? 4. Нет, мы _____ туда редко. 5. Почему вы так быстро _____? 6. Как часто вы _____ в кино? 7. Мы _____ в кино раз в месяц.

6 *Летать* или *лететь*?

– Коля, ты _____ в Гамбург на самолёте Аэрофлота?

– Нет, я _____ на самолёте Люфтханзы.

– А ты любишь _____?

– Я люблю _____, потому что, по-моему, это самый удобный вид транспорта.

– Сколько часов _____ самолёт из Москвы до Гамбурга?

– Около двух часов.

7 Вставьте глаголы движения.

1. – Доброе утро, Миша. Ты тоже _____ на трамвае?

 – Доброе утро. Нет, я всегда _____ в школу пешком. Я _____ туда 20 минут.

 – Это очень удобно. А я на работу _____ на трамвае и на автобусе.

 – Сколько времени вы _____?

 – На трамвае я _____ 15 минут, а потом ещё на автобусе 10 минут.

2. – Куда вы сейчас _____?

 – В плавательный бассейн. Я _____ туда свою сестру.

 – Вы любите _____?

 – Люблю.

 – Вы часто _____ в бассейн?

 – Два раза в неделю.

8 Переведите и ответьте на письмо Катарины вместо Зои.

Милая Зоя!
Спасибо за письмо и фотографии. Тебе очень идёт синий цвет. Разве в вашей стране носят национальную одежду? По-моему, на одной из фотографий видна молодая женщина в национальной одежде. Что носят у вас молодые люди? У нас сейчас всё в моде, можно всё носить, а у вас? Как идут твои дела в школе? У нас сейчас каникулы, но нам не везёт с погодой: почти каждый день идёт дождь со снегом, холодно.
Недавно в нашей школе были гости из Тулы, и мы вели интересные разговоры о жизни в России. Вместе мы посмотрели видеофильм «Гений», который шёл у вас в прошлом году. В фильме речь идёт об одном умном человеке, который водил за нос милицию. Мне он очень понравился. ...
Зоечка, мне в голову пришла хорошая идея: давай проведём летние каникулы вместе! Напиши мне скорее, согласна ли ты с моим предложением. Время летит так быстро...

Целую, твоя Катарина.

9 Напишите подходящие глаголы-антонимы в инфинитиве.

войти в здание _____ из здания

приехать в Москву _____ из Москвы

подойти к кинотеатру _____ от кинотеатра

10 Переведите. Обратите внимание на подчёркнутые слова.

Человек <u>переходит</u> улицу и смотрит в небо. Милиционер кричит: «Если вы не будете смотреть туда, куда <u>идёте</u>, вы быстро <u>придёте</u> туда, куда смотрите».

¹ ein treuer   Ве́рная¹ собака
Покупатель <u>пришёл</u> на выставку собак. Он увидел красивую собаку и <u>подошёл</u> к ней, чтобы осмотреть её. Собака понравилась ему, и он
² bevor   решил её купить. Пре́жде чем² <u>уйти</u> с собакой, он ещё раз <u>подошёл</u> к продавцу и спросил его:
– Скажите, собака верная?
– Да! Я продаю её уже третий раз.

11 Ответьте на вопросы по образцу.

Образец: Он пришёл? Да, но уже ушёл.

1. Поезд пришёл без опоздания? 2. Ваши знакомые вчера прилетели? 3. Твой брат на прошлой неделе приехал?

12 Ваши друзья не поняли информации по радио. Повторите их.

1. Поезд из Москвы _____ (приехать) в 8 часов утра.

2. Граждане пассажиры, просим _____ (выйти) из вагонов!

3. Поезд _____ (отходить) с третьей платформы.

4. Электричка _____ (ехать) в центр города. 5. Все трамваи _____ (идти) в трамвайный парк. 6. Самолёт _____ (прилететь) в Берлин через час. 7. Теплоход из Германии _____ _____ (приплыть) в порт Мурманска.

13 Добавьте *в-* или *вы-*, а потом передайте содержание текста. Начните так: Вчера ...

1. Я ___хожу из дому. 2. Ещё рано, но на улицу ___бегают дети соседей. 3. Старший сын ___водит из гаража свой мотоцикл и уезжает.

4. Младшие братья ___бегают за ним на улицу. 5. Я возвращаюсь в дом и ___хожу в свою квартиру.

14 Вставьте глаголы движения в правильной форме.

Как я прилетел в Санкт-Петербург

Я боялся, что опоздаю. Поэтому рано _____ из дома. Я знал, когда _____ автобус, и хотел быстро _____ _____ через улицу. Но мне надо было ждать зелёного света. Когда я _____ на остановку автобуса, автобус _____. Я сел на такси и _____ до аэропорта, где наша группа встретилась. Там мы _____ через контроль и _____ в зал ожидания. Когда была объявлена посадка на самолёт, мы _____ из зала и _____ в салон самолёта. Через 10 минут наш самолёт _____. В Санкт-Петербург мы _____ в час.

15 Возьмите план своего города и опишите русским гостям дорогу от вокзала до кинотеатра (универмага, музея, ...).

Причастия

Действительное причастие настоящего времени

1 Переведите.

В газете писали о мужчине, говорящем на двадцати языках. Он советует людям, изучающим языки, много слушать и читать на этих языках. Важные факторы, ведущие к успеху: талант и знание одного из иностранных языков. Ученик, уже знающий один иностранный язык, выучит новый легче, чем ученик, занимающийся своим первым иностранным языком. Людям, говорящим на нескольких языках, легче найти работу. Руководство предприятия заинтересовано в специалистах, имеющих не только высокую квалификацию, но и хорошую языковую подготовку.

2 Скажите по-другому. Употребите местоимение *который*.

Образец: Я познакомился с тренером, учащимся в институте физкультуры и спорта.
Я познакомился с тренером, который учится в институте физкультуры и спорта.

1. Он тренирует молодых легкоатлетов, готовящихся к соревнованиям в Праге. 2. Среди них много талантов, показывающих хорошие результаты. 3. Ян, перепрыгивающий высоту в два метра, имеет шансы на победу.

Страдательное причастие настоящего времени

3 Переведите.

1. Вечера, организуемые нашей школой, бывают интересными. 2. Темы, предлагаемые нами, посвящены творчеству русских художников. 3. Фильмы, показываемые на этих вечерах, на русском языке. 4. Дискуссии, проводимые с докладчиками, записываются на плёнку для нашего архива.

4 Измените предложения. Употребите местоимение *который*.

1. Каждый день мы узнаём о новостях из всего мира, сообщаемых газетами, телевидением и радио. 2. В газетах мы много читаем о преступлениях, описываемых во всех деталях. 3. По телевизору можно смотреть репортажи о спортивных соревнованиях, проводимых в нашей стране. 4. Реклама знакомит нас с новыми продуктами, производимыми в России.

Действительное причастие прошедшего времени

5 Переведите.

1. Мы пригласили в класс гостей, приехавших из Москвы. 2. Среди них был писатель, написавший роман о российских немцах. 3. Он рассказал нам о немцах, живших и работавших много лет в Сибири. 4. Этим людям, переселившимся в этом году в Германию, трудно найти работу.

6 Измените предложения. Употребите местоимение *который*.

1. Я никогда не забуду учителя, посоветовавшего мне стать хирургом.
2. Человеку, решившему стать врачом, нужно много учиться.
[1] Verantwortung
3. Человек, ставший врачом, несёт большую отве́тственность[1] за жизнь своих пациентов. 4. Врач, приехавший к нам в гости, рассказал много интересного о своей профессии.

Страдательное причастие прошедшего времени

7 Подчеркните краткие формы причастий прошедшего времени и напишите инфинитив.

1. видят, 2. занят, 3. написан, 4. начаты, 5. новы, 6. одет, 7. ответ, 8. половина, 9. построена, 10. прочитаны, 11. решён, 12. стаканы, 13. основаны, 14. сделанные, 15. сделаны, 16. желание, 17. желанные.

8 Переведите надписи.

1. Закрыт на ремонт. 2. Посторонним вход воспрещён! 3. Проход закрыт. 4. Внимание, машина включена. 5. Электричество выключено.

9 Переведите текст об истории МГУ.

В январе 1755 года был издан указ об основании Московского университета, и в 1756 году была организована университетская типография. 7 мая этого же года был издан первый номер газеты «Московские ведомости».

[1] Entdeckungen

В этом университете сделано много откры́тий[1] мирового значения. Они связаны с именами известных учёных. В разное время там учились М. Ю. Лермонтов, А. И. Герцен, И. С. Тургенев, А. П. Чехов.
В 1940 году университету было присвоено имя М. В. Ломоносова. В годы Великой Отечественной войны университет был эвакуирован.
В 1948 году было принято решение о строительстве для МГУ новых зданий на Ленинских (сегодня Воробьёвых) горах. 1 сентября 1953 года было окончено строительство главного здания.

10 Ответьте на вопросы.

1. Когда была основана ваша гимназия? 2. С именем каких известных людей связана её история? 3. Чьё имя было присвоено гимназии? 4. Когда было построено здание, в котором сегодня находится гимназия? 5. Где оно расположено? 6. Что было создано в последние годы в вашей гимназии?

11 Задайте друг другу вопросы и ответьте на них.

Где Когда Кем Как	был была было были будет будут	расположен, -а, -о; -ы основан, -а, -о; -ы создан, -а, -о; -ы построен, -а, -о; -ы разрушен, -а, -о; -ы реставрирован, -а, -о; -ы модернизирован, -а, -о; -ы открыт, -а, -о; -ы	город? памятник (кому)? вокзал? собор? церковь? музей? театр? картинная галерея?

12 Напишите о Санкт-Петербурге и о своём родном городе.

1. Санкт-Петербург был _____ в 1703 году, а мой родной город _____

2. Санкт-Петербург _____ на берегах реки Невы, а _____

3. В XVIII и XIX веках здесь были _____ Петропавловская крепость, Зимний дворец, Исаакиевский собор, а в моём городе уже в _____ веке были _____

4. В 1782 году был _____ памятник Петру I «Медный всадник», а в моём городе _____

5. Во время Великой Отечественной войны Санкт-Петербург был сильно _____, а _____

[1] Schiffbau

6. В Санкт-Петербурге особенно _____ судострое́ние[1] и _____, а в моём _____

13 Образуйте группы слов с глаголом в инфинитиве.

Образец: написанная открытка – написать открытку

1. построенный собор, 2. реставрированный театр, 3. созданные школы, 4. открытый музей, 5. показанные экспонаты, 6. переведённые научные труды, 7. начатое письмо, 8. опубликованная статья.

14 Переведите.

1. Фильм, показанный в кино вчера, был весёлый. 2. После фильма артисты, тепло встреченные зрителями, отвечали на наши вопросы. 3. Мне понравилась дискуссия, организованная нашей гимназией. 4. Артисты рассказали много интересного о производстве фильма, снятого на юге страны.

Действительные и страдательные причастия

15 Какое слово не входит в грамматический ряд?

забытый, закрытый, знаменитый, начатый, пятый
данные, иностранные, прочитанные, услышанные
говорящий, играющий, настоящий, читающий
изучаемый, любимый, показываемый, проводимый
младшая, писавшая, приехавшая, сделавшая

16 Переведите, если нужно, со словарём.

Передовая статья журнала «Огонёк» посвящена охране окружающей среды. Статья написана известным журналистом. Он пишет о вымирающих видах животных. На второй странице напечатана статья, знакомящая читателей с новым пресс-центром, открывшимся в Москве. Материалы о внешней политике России, публикуемые в этом журнале, активно обсуждаются читателями. В рубрике «Новости» помещена статья на тему «Спорт и деньги», занимающаяся вопросами выплаты гонораров теннисистам.

17 Употребите вместо причастий в полной форме местоимение *который*.

Скрипичные мастера
Весь мир знает имена людей, делавших и делающих хорошие скрипки. Не каждый может сделать скрипку. Для этого нужны не только руки, умеющие делать всё, но надо уметь петь, играть на скрипке и знать физику. На выставке в Москве были показаны скрипки, получившие медали.

Деепричастия

1 Какое словосочетание не входит в грамматический ряд?

развивая торговлю, развитая торговля, бегая по утрам
благодаря отцу, благодаря отца, ведя сына домой, рискуя жизнью
встретив родителей, решив задачу, напротив дома, оценив дома
поинтересовавшись делами, подпишись здесь, возвратившись домой

2 Переведите предложения. Используйте подходящий из союзов *als, nachdem, wenn, weil* или *indem*.

1. Учась в России, Йенс познакомился со своей подругой.
2. Занимаясь географией России, он многое узнал о стране.
3. Окончив учёбу, Йенс возвратился на родину.
4. Приехав домой, он сразу же позвонил мне.
5. Поинтересовавшись здоровьем моих родителей, он начал рассказывать о своих впечатлениях о России.

3 Найдите подходящие по смыслу главные и придаточные части предложения и соедините их в одно предложение.

1. Нельзя водить машину,   4 не прочитав её.
[1] Führerschein   2. Нельзя приготовить щи,   1 не имея водительских прав[1].
3. Нельзя стать стройным,   5 не поблагодарив хозяев.
4. Нельзя оценить книгу,   3 употребляя много шоколада.
[2] Party   5. Нельзя уходить с вечеринки[2],   6 не умея танцевать.
6. Нельзя пригласить девушку на вальс,   2 не купив капусты.

4 Соедините части предложения.

1. Общаясь с русскими, вы заметите, …
2. Живя в Москве, …
3. Изучая русский язык, …
4. Позвонив подруге, …
5. Переехав в Германию, …
6. Потеряв адрес Иры, …

а) они не сразу нашли новых друзей.
б) что они часто делают комплименты.
в) я узнала, что её брат нашёл работу.
г) она не ответила на её письмо.
д) мы знакомимся с русской культурой.
е) мы часто ходили в театры.

1	б
2	е
3	д
4	г
5	а
6	в

5 Переведите.

1. Сидя в купе, Лиза смотрела в окно. 2. Выходя из поезда, она сразу же увидела свою подругу Катю. 3. Увидев Лизу, Катя побежала навстречу Лизе. 4. Взяв такси, девушки поехали к Кате. 5. Приехав к Кате, Лиза сразу же позвонила своим родителям.

6 Замените деепричастные обороты, используя союзы *и, когда, если, после того как, так как, потому что, …*

Образец: Мечтая поближе познакомиться с русской культурой, Ян решил провести свои каникулы в России.
Так как Ян мечтал поближе познакомиться с русской культурой, он решил провести свои каникулы в России.

1. Приехав в Санкт-Петербург, Ян позвонил своим родителям.
2. Живя в русской семье, Ян знакомился с их обычаями.
3. Каждый день Ян знакомился с достопримечательностями города, а вечерами, имея свободное время, он ходил в театр.
4. Гуляя в полночь, Ян понял, что такое белые ночи.
5. Поблагодарив хозяев за гостеприимство, Ян пригласил их в гости.
6. Улетая домой, Ян сказал, что обязательно будет писать.

7 Прочитайте и переведите предложения с деепричастиями.

Рассказ биолога

Думая о том времени, когда я учился в школе, я часто вспоминаю васильки[1]. Они росли около школы. Их цвета были разные: белые, голубые[2], синие. Мне хотелось понять этот феномен. Посадив белые васильки, я думал, что у меня будут цвести[3] только белые васильки. Я очень удивился, увидев, что цветут и белые, и голубые, и синие. В то время, не зная биологии, я не мог объяснить этой загадки природы. Может быть, поэтому я и стал биологом.

[1] Kornblumen
[2] hellblau
[3] blühen

8 Переведите.

Последняя булочка[1]

Поезд остановился на маленькой станции. Посмотрев в окно, пассажир увидел женщину, которая продавала булочки. Боясь отста́ть[2] от поезда, он не хотел идти за булочками сам. Позвав мальчика, пассажир спросил его, сколько стоит булочка. «Один рубль», ответил мальчик. Дав мальчику два рубля, мужчина сказал: «Купи две булочки, одну мне, а другую – себе». Через минуту мальчик возвратился. Он с аппетитом ел булочку. Подав пассажиру рубль, он сказал: «К сожалению, там была только одна булочка».

[1] Brötchen
[2] verpassen

9 Переведите.

Статистики подсчитали, что человек, выполняя работу по дому, покупая продукты в магазинах, в среднем проходит за год путь в две тысячи километров. Убирая квартиру из двух комнат, он делает в день около десяти тысяч шагов. Для семьи из четырёх человек за год надо вымыть восемнадцать тысяч ножей, вилок, ложек, тринадцать тысяч тарелок и шесть тысяч чашек. Только накрывая на стол и убирая со стола посуду, в такой семье надо перенести за год пять тысяч тонн.

10 Дополните предложения.

1. Встав в 6 часов утра, я _____
2. Слушая музыку, я _____
3. Приняв душ, я _____
4. Позавтракав, я _____
5. Выйдя из дома, я _____
6. Ожидая автобус, я _____
7. Приехав в школу, я _____
8. Пообедав, я _____

11 Вставьте нужное деепричастие.

1. _____ в Москву, я сразу позвонил своему другу.
   прилетая / прилетев

2. _____ город, мы задавали вопросы экскурсоводу.
   осматривая / осмотрев

3. _____ Арбат, мы поехали в гостиницу.
   осматривая / осмотрев

4. _____ в гостиницу, я взял ключ от своего номера.
   приезжая / приехав

5. _____ душ и _____, мы пошли в ресторан.
   принимая / приняв; переодеваясь / переодевшись

6. _____, мы говорили о русской кухне.
   ужиная / поужинав

7. _____ в России, я влюбился в эту страну.
   бывая / побывав

Модальные значения

надо – нужно – необходимо – приходится – следует – должен

1 Переведите.

1. Заниматься историей России интересно, поэтому нам надо будет купить эту книгу. 2. Год назад мне нужно было заплатить за эту книгу 80 марок. 3. И вам следовало бы купить эту книгу, лучшей не знаю. 4. Яну придётся купить книгу на русском языке, она ещё не переведена на немецкий язык. 5. Нам необходимо купить этот словарь для Толи, он ему очень нужен.

2 Кому надо (нужно) это сделать?

Образец: сочинить мюзикл → Композитору надо сочинить мюзикл.

1. написать об истории → _____
2. осмотреть больного → _____
3. построить дом → _____
4. перевести этот документ → _____
5. поставить пьесу → _____
6. приготовить обед → _____

3 Что вы посоветуете сделать в следующих ситуациях? Употребите *надо* или *нужно*.

1. Ваш русский друг хочет поехать к подруге в Германию. 2. У Тани нет почтовой марки. 3. У Коли высокая температура. 4. У Вани плохие отметки по немецкому языку. 5. Вика и Нина хотят участвовать в чемпионате страны по теннису. 6. Веру пригласила подруга на свой день рождения.

4 Переведите.

Советы защитника окружающей среды

[1] die Umwelt schützen
[2] sparsam

1. Каждый человек должен защищать окружающую среду[1]. 2. Вы должны экономно[2] использовать энергию. 3. Газеты должны чаще писать об экологических проблемах. 4. Ваша организация должна будет заботиться о животных. 5. Политики должны будут заниматься вопросами охраны окружающей среды. 6. Все люди должны охранять тропические леса.

5 Объясните, что вы должны (были, будете) делать, если …

1. вы ждёте гостей; 2. вас пригласили в гости; 3. ваш друг болен; 4. у вашего младшего брата есть трудности в школе; 5. завтра вы пишете контрольную работу по физике; 6. вы хотите поехать в отпуск; 7. вы хотите пойти в кино.

> мочь – уметь – (воз-)можно – нельзя – не следует

6 *Мочь* или *уметь*? Вставьте нужную форму глагола.

1. – Гриша, ты _____ рисовать. Ты _____ нарисовать нам плакат?

   – Да, _____, но не сегодня.

2. – Настя, ты _____ плавать?

   – Да, _____.

   – Пойдём завтра в бассейн?

   – Завтра, к сожалению, не _____. А в воскресенье я пошла бы с удовольствием.

7 *мочь, уметь, (воз-)можно, нельзя* или *не следует*?

Разговор у ворот русской церкви

– Лена, каждому ли _____ входить в церковь?

– Да, каждый человек _____ войти сюда.

– Я слышала, что женщинам _____ входить в церковь, не надев на голову платка. Это так?

– Да, это так. Но платок надевают в основном верующие женщины.

– Значит, нам _____ войти без платка.

– Думаю, что _____. Но в церкви _____ громко говорить и смеяться.

– А _____ в церкви фотографировать?

– Нет, _____.

– Лена, а ты _____ читать на церковнославянском языке?

– Нет, не _____.

нужен

8 Скажите, что вам и другим людям тоже нужны эти вещи.

Образец: Вчера Яна купила новую сумку.
Мне тоже нужна новая сумка.

1. На Рождество ей подарили велосипед. 2. Катя подарила ей майку. 3. Папа прислал ей красивое кольцо. 4. Петя смастерил для неё открытки-поздравления с днём рождения.

9 Скажите, что вам нужно (было, будет), чтобы …

1. поехать в Сочи; 2. познакомиться с достопримечательностями города; 3. хорошо отдохнуть у Чёрного моря; 4. пойти на концерт; 5. купить сувениры.

Разные модальные значения

10 Дополните подходящие по смыслу модальные глаголы.

– Девушка, _____ вас спросить?

– Да, пожалуйста?

– Мне _____ попасть на улицу Гёте. Как _____ дойти туда пешком?

– О, это очень далеко отсюда. Вам _____ поехать на автобусе.

– А вы не скажете, где отсюда _____ позвонить?

– Да, _____ позвонить из таксофона. Вам _____ пройти несколько метров. Там на углу находится таксофон.

– _____ оттуда позвонить без жетона?

– Нет, _____.

– В таком случае мне _____ идти на остановку автобуса.

11 *Надо, нужно, необходимо, следует* или *следовало бы*?
Что сделать в следующих ситуациях?

1. Завтра у Олега экзамен по английскому языку.
2. Оля получила письмо от подруги.
3. Через час отходит мой поезд.
4. Лида хочет быть стройной.

Местоимения

1 Какое местоимение не входит в ряд?

мой, твой, свой, каждый, наш, ваш, его, её, их
кто, что, какой, который, где, сколько, чей, друг друга
никто, ничто, никакой, некоторый, некого, нечего
весь, сам, этот, каждый, свой, самый

2 Найдите спрятанные местоимения.

- этонашегононадресаменязыктонихозяйнашимоимя.

_____
_____

- ничегонекогонихолодругсдругомоиванискемояснона.

_____
_____

3 Дополните ряд.

1. я, ты, _____

2. друг друга, друг другу, _____
_____

3. моя, твоя, _____

4. ваши, ваших, _____

5. кто, у кого, _____

друг друга

4 Вставьте местоимение *друг друга* в нужной форме.

1. знать _____   2. доверять _____
3. понимать _____   4. помогать _____
5. звонить _____   6. гордиться _____
7. мешать _____   8. поздравлять _____
9. познакомиться _____   10. играть _____

свой – его, её, их

5 Переведите и объясните разницу.

1. Люся не помнила своего номера в гостинице.	1. Люся не помнила её номера в гостинице.
2. Андрей взял у друга свой словарь.	2. Андрей взял у друга его словарь.
3. Лариса закончила свою статью.	3. Лариса закончила её статью.
4. Анна говорит с Борисом о своей работе.	4. Анна говорит с Борисом о его работе.

6 Какое объяснение правильно? Проверьте себя со словарём.

1. Своя рубашка ближе к телу.

   ☐ а) иметь удобную одежду

   ☐ б) руководствоваться личными интересами

2. Знать как свои пять пальцев.

   ☐ а) уметь хорошо считать

   ☐ б) очень хорошо разбираться в чём-нибудь

3. Называть вещи своими именами.

   ☐ а) отличать свои вещи от чужих

   ☐ б) говорить правду

7 Вставьте *свой* или *его, её, их*.

1. Сергей написал открытку _____ брату. (брату Сергея)

2. Мартин продал _____ кассетник. (кассетник Макса)

3. Яна познакомила меня с _____ друзьями. (друзья Риты)

4. Ира показала нам _____ комнату. (комната Иры)

8 *Свой* или *его, её, их*? Вставьте подходящее местоимение.

1. В воскресенье я был дома у _____ друга. 2. Сначала я познакомился с _____ родителями, потом с _____ сестрой. 3. Потом Игорь показал мне _____ комнату. 4. В _____ комнате светло и уютно. 5. Игорь показал мне _____ коллекцию монет, которой он очень гордится.

Отрицательные местоимения

9 Прочитайте рассказ и переведите предложения с отрицательными местоимениями.

Мой друг ни с кем никуда не ездил отдыхать во время каникул. Родители ездили без него. Его никто не приглашал. У него нет никаких родственников, кроме родителей. Он каждый день ходил в бассейн, но там никого из друзей не встречал. Когда его спросили, с кем он встречался, чем занимался во время каникул, он ответил: «Я ни с кем не встречался, ни на каком курорте не был. Писем ни от кого не получал и никому не писал. Я нашёл дома интересные книги и много читал. Я хорошо отдохнул».

10 Напишите отрицательные ответы.

Образец: Кого ты видишь там на улице? Я никого не вижу.

1. У кого вы были в гостях? _____
2. О чём вы говорили вчера? _____
3. С кем ты встретилась в клубе? _____
_____
4. К кому пошёл Володя? _____
5. О каком фильме вы говорили вчера? _____
_____
6. От кого ты получила письмо? _____

11 Подтвердите противоположное.

Образец: Все знают об этом. – Никто не знает об этом.

1. Я всем скажу об этом. _____
2. Это всех интересует. _____
3. У всех есть это право. _____
4. Все забыли об этом. _____
5. Она обратилась ко всем за помощью. _____
6. У всех есть эта книга. _____
7. Он со всеми разговаривал. _____